GrammaDux

Die lateinische Kurzgrammatik

C. C. Buchner

GrammaDux

Die lateinische Kurzgrammatik

wurde erarbeitet von Clement Utz und Klaus Westphalen

auf der Grundlage
der Grammatikabschnitte des Lehrwerks FELIX
von Ulrich Tipp, Clement Utz und Klaus Westphalen.

GRAMMADUX wurde im Verlag
betreut und redigiert von Gerhard Dittrich.

3. Auflage, 9. Druck 2015
Die letzte Zahl bedeutet das Jahr dieses Druckes.
Alle Drucke dieser Auflage sind, da untereinander unverändert,
nebeneinander benutzbar.

Dieses Werk folgt der reformierten Rechtschreibung und Zeichensetzung.
Ausnahmen bilden Texte, bei denen künstlerische, philologische oder
lizenzrechtliche Gründe einer Änderung entgegenstehen.

Satz und Layout: ARTBOX Grafik und Satz GmbH, Bremen
Druck und Bindung: Pustet, Regensburg

www.ccbuchner.de

ISBN 978-3-7661-**5240**-4

Vorwort

GrammaDux ist eine „ganz andere" kurze Grammatik der lateinischen Sprache. Sie richtet sich konsequent am Schüler aus, der seine Schulgrammatik möglichst problemlos benutzen soll – zum Nachschlagen während der Lektürephase, zur zusammenfassenden Wiederholung und gelegentlich auch zum Neulernen.
Herkömmliche Lateingrammatiken gliedern sich in einen morphologischen und einen syntaktischen Teil; sie werden neuerdings meist durch einen dritten Abschnitt, die sog. Textgrammatik, ergänzt. Diese Gliederung folgt zwar einer strengen Sachlogik, reißt aber die Phänomene künstlich auseinander. So findet sich z. B. die Formenbildung des Infinitivs im morphologischen Teil, seine Verwendung im AcI oder NcI aber im syntaktischen.
GrammaDux versucht diese Trennung aufzuheben; daher könnte das Werk auch als integrative Grammatik bezeichnet werden. Meist auf einer Doppelseite, immer aber in unmittelbarer Nähe finden sich zu ein und demselben Phänomen Formenlehre (F), Satzlehre und Semantik (S) sowie ggf. Textgrammatik (T). Damit wird den Schülern und Schülerinnen die enge Zusammengehörigkeit der Aspekte ad oculos demonstriert.
Wie aber sollen sich die Benutzer in dieser neuartigen Form der Anordnung zurechtfinden? Die Lösung ist verblüffend einfach: Der Schüler überblickt in der Regel schon von der Grundschule her die wichtigsten Wortarten; nach diesen ist unsere Grammatik gegliedert. An die Wortarten sind Morphologie, Syntax und Textgrammatik angehängt. Das Participium coniunctum findet sich z. B. im Rahmen der Verben unter Partizip, und Gliedsätze schlägt man unter den Subjunktionen nach.
Auch die Texte sind bewusst schülerfreundlich gestaltet. Sie sprechen eine besonders einfache Sprache und sind durch Beispiele illustriert. Manche Übersichten sind in Dialogform gehalten („Grammadux fasst zusammen"), um ein flüssiges Lesen und rasches Verstehen zu ermöglichen.
Zu Beginn der wichtigeren Wortarten findet sich eine Einführungsseite, die ausgehend von der Muttersprache die Grundlagen erläutert.
Die Reduktion des Grammatikstoffes ist ebenfalls behutsam vorangetrieben worden. Die Verfasser sind der Meinung, dass ein sicheres Grundwissen wichtiger ist als die Kenntnis zahlreicher Randphänomene und Ausnahmen.
GrammaDux bietet den Schülerinnen und Schülern darüber hinaus einen Schnellkurs zur systematischen Wiederholung; der Abschnitt 12 am Ende des Buches (S. 154–157) enthält alle wichtigen Grammatikstoffe in einfachen lateinischen Merksätzen.
Noch ein Wort zu Grammadux selbst. Er kommt in der Grammatik persönlich vor – als ein wohlmeinender, aber auch sorgenvoller *magister*, dem die Schwierigkeiten der lateinischen Grammatik durchaus bewusst sind und der deshalb den Schülern ein gutes Stück entgegenkommen möchte. Er weiß aber auch, dass sein Fach Latein ein anspruchsvoller Gegenstand ist, dessen Erlernung viel Fleiß und klares Denken erfordert.
Darauf baut die lateinische Kurzgrammatik *GrammaDux* auf.

Clement Utz, Klaus Westphalen

2 Pronomina

8 *Konjunktionen*

9 *Subjunktionen*

10 *Grammadux gibt Übersichten*

Verweise

In der Grammatik finden sich immer wieder Querverweise auf andere Stellen oder Teile. Dabei bezeichnen bloße Zahlen die Nummern der Grammatikparagraphen, mit „S.“ wird auf bestimmte Seitenzahlen verwiesen.

Abkürzungsverzeichnis

Abl.	Ablativ	Impf.	Imperfekt	Part.	Partizip
AcI	Akkusativ mit Infinitiv	indekl.	indeklinabel	Pass.	Passiv
		Ind.	Indikativ	Perf.	Perfekt
Adj.	Adjektiv	Inf.	Infinitiv	Pers.	Person
Adv.	Adverb	jem.	jemand(en/em)	Pl.	Plural
Akk.	Akkusativ	intrans.	intransitiv	Plusqpf.	Plusquamperfekt
Akt.	Aktiv	Komp.	Komparativ	Präd. nom.	Prädikatsnomen
attrib.	attributiv	Konj.	Konjunktiv	Präp.	Präposition
Dat.	Dativ	Konjug.	Konjugation	Präs.	Präsens
Dekl.	Deklination	kons.	konsonantisch	Pron.	Pronomen
dt.	deutsch	lat.	lateinisch	Sg.	Singular
f	feminin	*m*	maskulin	Subj.	Subjunktion
Fut.	Futur	m.	mit	trans.	transitiv
Fw.	Fremdwort	Nom.	Nominativ	v. a.	vor allem
Gen.	Genitiv	*n*	neutrum	vgl.	vergleiche
gr.	griechisch	PPP	Partizip Perfekt Passiv	Vok.	Vokativ
Imp.	Imperativ				

Grammadux erklärt die Grammatik

➤ In einem Lateinbuch zu den alten Römern zu reisen mag ja ganz schön sein; aber dazu noch die ganze lateinische Grammatik lernen zu müssen – eine Form nach der anderen –, das stell' ich mir nicht gerade einfach vor!

Gr. Gewiss, das geht nicht ohne Mühen. Aber es ist immer besser, sich eine Übersicht zu schaffen, bevor man ein neues Gebiet betritt. Und deswegen will ich dir jetzt den Aufbau der lateinischen Grammatik erklären und zugleich die Gliederung dieses Buches, damit du die einzelnen Teile und das Ziel kennst.

➤ Ist das aber nicht viel zu theoretisch – gleich so am Anfang?

Gr. Deshalb will ich es dir auch gerne veranschaulichen. Stell' dir einen Baukasten vor. Da findest du viele Einzelteile – praktisch also die *Bausteine* – in verschiedenen Größen und Farben.
Wenn du dann mehrere Bausteine aneinandersetzt, ergeben sich einzelne *Verbindungen*, z. B. eine Wand.
Und schließlich setzt du diese Verbindungen zu einem Ganzen zusammen, zu einem fertigen *Gefüge*, etwa zu einem Haus …

➤ Na schön, aber was hat das mit der lateinischen Grammatik zu tun?

Gr. Nun, die *Bausteine* sind in der Grammatik die *Wortarten* und *Wortformen*, die du in der sogenannten Formenlehre (Morphologie) lernst, z. B. „der Mann, des Mannes".
Und die *Verbindungen* sind dann die Einzelsätze, seien es *Hauptsätze* oder *Gliedsätze*, z. B. „Der Mann fährt in die Stadt, weil er sich eine Hose kaufen will." Diesen Teil der Grammatik nennen wir Satzlehre (Syntax).
Und das *Gefüge* schließlich ist eine Zusammenfügung von mehreren Sätzen, die einen längeren *Text* ergeben, z. B. die Schilderung, was der Mann beim Einkaufen alles erlebte. Mit solchen Texten beschäftigt sich die Textgrammatik.

➤ Aha, das sind also die drei Zimmer im Haus der lateinischen Grammatik?

Gr. Zimmer ist nicht ganz der richtige Vergleich, denn die drei Gebiete überschneiden sich wie drei locker übereinandergelegte Scheiben; drei Zimmer aber bilden voneinander getrennte Räume. Wieder ein Beispiel: *salutat* ist nicht nur eine Wortart (Verbum) und eine Wortform (3. Person Singular), sondern im Lateinischen schon ein kleiner Satz: er, sie, es grüßt. Und der Satz *Marcus Claudiam salutat* (Marcus grüßt Claudia) kann natürlich schon ein – wenn auch recht bescheidener – Text sein.

➤ Gut, das habe ich kapiert. Wenn also die Grammatik die drei Teile Formenlehre, Satzlehre und Textgrammatik umfasst, dann wird halt unser Buch sie nacheinander durchnehmen?

Gr. Nein, das ist eben das Neue an dieser Grammatik, dass sie die Zusammengehörigkeit der drei Bereiche durch eine besondere Anordnung verdeutlicht. Wie eng die Verknüpfung ist, will ich dir an folgendem Beispiel klarmachen:
Du lernst in der Formenlehre (F) die Wortart *Demonstrativpronomen (hinweisendes Fürwort)* kennen, z. B. „dieser, diese, dieses".
In der Satz- bzw. Bedeutungslehre (S) erfährst du dazu, dass *dieser* auf einen in der Nähe befindlichen Gegenstand hindeutet, z. B. „*diese* Hose da".
Und in der Textgrammatik (T) wird dir gezeigt, dass Demonstrativpronomina als sog. Proformen Sätze miteinander verklammern können, also: „Die braune Hose passt mir am besten. *Diese* nehme ich."

➤ Also gibt das in der Grammatik ein schreckliches Durcheinander der drei Bereiche!?

Gr. Nein, da hat der alte Grammadux schon vorgesorgt. Du kannst dich folgendermaßen orientieren:

① Die Zugehörigkeit zum jeweiligen Bereich ist durch die Großbuchstaben

F (für Formenlehre: Wortarten, Wortformen),
S (für Satzlehre und Bedeutungslehre) und
T (für Textgrammatik)

am Rand klar markiert.

② Wenn irgend möglich, stehen *F* und das zugehörige *S* bzw. *T* auf der gleichen Seite untereinander.

③ Das eigentliche Leitsystem unserer Grammatik sind die Wortarten, weil du diese schon zum allergrößten Teil beherrschst und weil sie besonders leicht überschaubar sind. Aber das heißt keineswegs, dass die Formenlehre wichtiger ist als Syntax und Textgrammatik; der Witz ist ja gerade, dass die Grammatik dir zeigen will, wie dies alles unauflöslich verknüpft ist!

➤ Na, ob ich mich wirklich bei den Wortarten schon so gut auskenne, weiß ich nicht. Lass doch mal hören, wie das geht!

Gr. Also, die Wortarten zerfallen in zwei Hauptgruppen, die sich mit *Gegenständen* und *Handlungen* befassen. Für die erste Gruppe sind vor allem, aber nicht nur die Substantiva, für die zweite vor allem, aber nicht nur die Verben zuständig.

➤ Das leuchtet mir ein.

Gr. Die Reihenfolge der Wortarten ist daher die folgende:

1. Gegenstände

Was ist der Gegenstand?
1.1 Das Substantiv („der Ball")
1.2 Das Pronomen („dieser")

Wie ist der Gegenstand?
1.3 Das Adjektiv („rund")

Wie viele Gegenstände sind es?
1.4 Das Zahlwort („zwei Bälle")

2. Handlungen

Was geschieht?
2.1 Das Verbum („rollt")

Wie geschieht etwas?
2.2 Das Adverb („schnell")

Warum, wozu, wann, wo geschieht etwas?
2.3 Die Präposition (Der Ball rollt *unter* den Tisch.)
2.4 Die Konjunktion (Der Ball rollt schnell; *denn* der Boden ist uneben.)
2.5 Die Subjunktion (*Weil* der Boden uneben ist, rollt der Ball.)

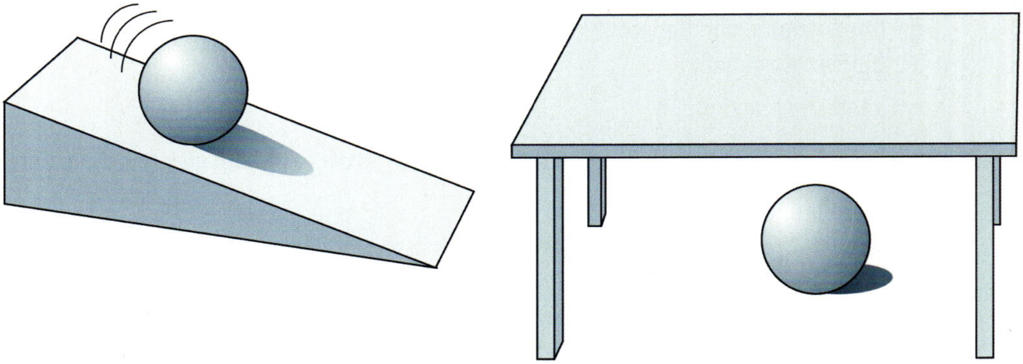

Du siehst, diese Wortarten lassen sich logisch gut ordnen. Die Reihenfolge solltest du dir einprägen, dann hast du die Anordnung deiner Grammatik im Kopf.

➤ Das ist ja wirklich nicht schwer, sich diese Gliederung zu merken. Aber ich fürchte, du hast mir verschwiegen, wie das alles mit Syntax und Textgrammatik verhakt ist!

Gr. Betrachten wir erst die Syntax (Satzgrammatik) und Semantik (Bedeutungslehre), die du in unserem Buch unter *S* findest. Sie sind – ganz logisch – den Wortarten und Wortformen zugeordnet, und zwar auf folgende Weise:

Das Substantiv	Funktion der Kasus
Das Pronomen	Verwendung der einzelnen Pronomina
Das Adjektiv	Übereinstimmung mit den Substantiven (Kongruenz)
Das Verbum	
Die konjugierten Formen	Bedeutung der Tempora und Modi in Haupt- und Gliedsätzen
Die Nominalformen	AcI, NcI: Verwendung Partizip: Participium coniunctum Ablativus absolutus nd-Formen: Verwendung
Das Adverb	Bedeutung im Satz
Die Präpositionen	Bedeutung, Verwendung
Die Konjunktionen Die Subjunktionen	Satzverknüpfung die einzelnen Gliedsatzarten

➤ Ja, das stimmt meistens wohl ganz schön zusammen. Aber reicht mir das dann auch?

Gr. Im Allgemeinen schon, aber wir haben noch eine Besonderheit am Ende des Buches, die dir die Gesamtübersicht erleichtern soll: das Satzmodell (▶ S. 129f.).

➤ Was soll denn das nun wieder? Muss das auch noch sein?

Gr. Nicht unbedingt. Aber es zeigt dir noch einmal zusammenfassend die fünf Teile des lateinischen Satzes: *Subjekt*, *Prädikat*, *Objekt*, *Adverbiale* und *Attribut*. Zu jedem dieser Satzteile wird eine kleine Liste von Möglichkeiten gegeben, wie dieser Satzteil im Lateinischen ausgedrückt werden kann. Zum Beispiel kann ein Attribut durch ein Adjektiv, durch einen Genitiv oder durch eine Beifügung ausgedrückt werden: „der *rote* Ball; *Claudias* Ball; der Ball, *Claudias liebstes Weihnachtsgeschenk*".

Satzmodell:

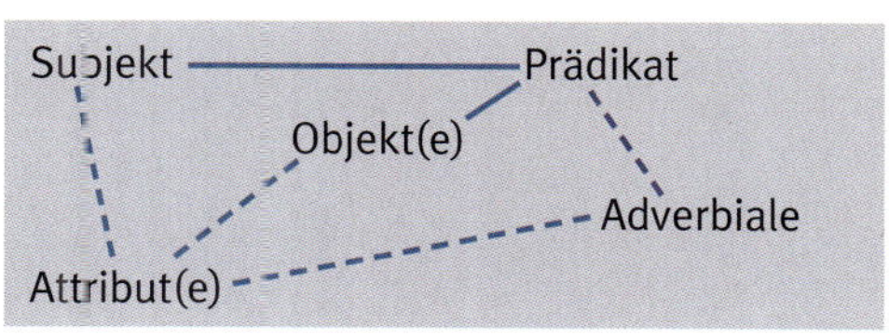

➤ Gut, an die beiden Bereiche *F* und *S* werde ich mich schon gewöhnen; sie hängen offenbar ganz eng zusammen. Aber wie gehört denn nun diese komische Textgrammatik noch dazu?

Gr. Nun, ganz so schlimm ist es nicht, denn wir haben uns da auf das Allernötigste beschränkt. Es leuchtet dir doch sicher ein, dass z. B. Konjunktionen und Subjunktionen einen Text viel leichter verständlich machen: „Markus fährt in die Stadt; *denn* er braucht eine neue Hose. *Weil* Markus nicht so viel Geld hat, muss er beim Hosenkauf sparen". *Denn* und *weil* nennt man in der Textgrammatik Konnektoren (Bindewörter); sie verbinden die Sätze und geben obendrein noch die Sinnrichtung der Satzverbindung an, hier eine Begründung. Solche textgrammatische Hinweise findest du an manchen Stellen den Wortarten zugeordnet, gleichsam „unter dem Strich". Einige andere textgrammatische Übersichten, die sich wirklich auf den gesamten Text, also nicht nur auf einzelne Wortarten und Sätze beziehen, sind noch am Ende des Buches, also in der Nähe des Satzmodells, zusammengestellt.

➤ Na ja, ein wenig klarer ist das mir jetzt schon geworden: Es gibt *F* mit den Wortarten und Wortformen, es gibt *S* mit Satz- und Bedeutungslehre, und es gibt noch einige eingeschobene Zusätze der Textgrammatik. Hast du sonst noch was auf Lager?

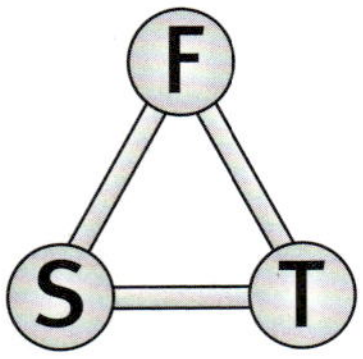

Gr. Nein, denn du hast erfasst, wie die Grammatik gegliedert ist. Mit der Zeit wirst du sie immer besser durchschauen, wenn du unser System wiederholt angewandt hast. Sicher wirst du auch begreifen, dass die lateinische Grammatik dir ein Modell von Sprache zeigt, das du nicht nur im Lateinischen verwenden kannst.
Im Übrigen: Wenn du die Grammatik in ganz kurzer Zeit überschauen und wiederholen willst, dann arbeite den Wiederholungskurs auf S. 154-157 durch. Wenn du die lateinischen Merksätze übersetzen und einordnen kannst, ist das schon eine ganze Menge. Andernfalls solltest du auf den angegebenden Seiten nachschlagen und den erklärenden Text lesen.
Ich wünsche dir viel Erfolg beim Lernen und werde immer gerne helfen, wenn du mich brauchst. Mein Gesicht wird dir noch öfter im Buch begegnen.

1. Bedeutung

Substantive bezeichnen konkrete Gegenstände bzw. Personen oder abstrakte Begriffe: das Buch, die Schwester, Bescheidenheit

2. Die Kasus (Fälle)

(a) Die vier Kasus der deutschen Sprache gibt es auch im Lateinischen:

Nominativ	der Mann	**Dativ**	dem Mann(e)
Genitiv	des Mannes	**Akkusativ**	den Mann

(b) Dazu kommen im Lateinischen noch zwei weitere Kasus:

Vokativ	Anredefall (nur bei Substantiven der o-Dekl. auf -us im Sg. mit einer besonderen Endung)	o Herr!
Ablativ	Mischkasus, der z. B. eine Trennung, ein Hilfsmittel oder eine Zeitangabe ausdrücken kann	aus dem Senat mit der Lanze in jener Zeit

3. Die Kasuslehre

In der sog. Kasuslehre wird die Verwendung der Kasus behandelt:

(a) Die **Funktionen** der Kasus im Satzganzen:

als **Subjekt**: Nom.	Morgen kommt *mein Bruder*.
als **Objekt**: Gen., Dat., Akk., Abl.	Wir erinnern uns *vergangener Zeiten*. Felix zeigt *seinen Freunden Rom*.
als **Attribut**: Nom., Gen., Dat., Akk., Abl.	Felix, *unser Reisebegleiter;* die Fahrten *des Odysseus*
als **Adverbiale**: Dat., Akk., Abl.	*Zehn Jahre lang* kämpften die Griechen *mit ihrer Streitmacht* vor Troja.
als **Prädikatsnomen**: Nom., Gen., Dat., Abl.	Wir wollen *guten Mutes* sein.
als **Prädikativum**: Nom.	Hannibal starb *als alter Mann*.

(b) Die **Bedeutung** der Kasus in bestimmten Verbindungen, z. B.:

Genitivus subiectivus (die Liebe *der Mutter*) und obiectivus (die Liebe *zur Mutter*)
Ablativus qualitatis (ein Mann *von großer Tüchtigkeit*)

SUBSTANTIVE (Übersicht)

a) Merkmale

Lateinische und deutsche Substantive kommen
im **Singular** (in der Einzahl) und im **Plural** (in der Mehrzahl) vor,
z. B. die Herrin, die Herrinnen.

Sie können **dekliniert** (gebeugt) werden,
z. B. die Herrin, der Herrin usw.

b) Deklinationsklassen

Im Deutschen und Lateinischen gibt es verschiedene **Deklinationsklassen**,
d. h. verschiedene Arten, Substantive zu deklinieren,
z. B. der Senator, des Senators usw.
die Herrin, der Herrin usw.
Wir unterscheiden im Lateinischen anhand des Wortausgangs fünf
Deklinationsklassen:

domin-**a**	1. oder a-Deklination
domin-**us**	2. oder o-Deklination
senat**or**	3. Deklination
cas-**us**	4. oder u-Deklination
res	5. oder e-Deklination

c) Genera

Wie im Deutschen gibt es auch im Lateinischen drei verschiedene **Genera**
(grammatische Geschlechter):

masculinum	*(m)*	männlich
femininum	*(f)*	weiblich
neutrum	*(n)*	sächlich

Das Genus (das grammatische Geschlecht) eines lateinischen Wortes kann mit dem
des entsprechenden deutschen Wortes übereinstimmen oder davon abweichen:

	domina	*(f)*	die/eine Herrin	*(f)*
	dominus	*(m)*	der/ein Herr	*(m)*
aber:	templum	*(n)*	der/ein Tempel	*(m)*

Im Deutschen erkennt man das Geschlecht im Allgemeinen am Artikel. Im Lateinischen gibt es keinen Artikel; man kann das Geschlecht meistens an der Endung des Substantivs ablesen.

a-Deklination (1. Deklination)

Beispiel:
domina, -ae *f* die Herrin

Fast alle Substantive der a-Deklination sind Feminina.

	Sg.	Pl.
Nom.	domin-**a**	domin-**ae**
Gen.	domin-**ae**	domin-**ārum**
Dat.	domin-**ae**	domin-**īs**
Akk.	domin-**am**	domin-**ās**
Abl.	domin-**ā**	domin-**īs**

o-Deklination (2. Deklination)

Beispiel:
dominus, -i *m* der Herr

Fast alle Substantive der o-Deklination auf **-us** sind Maskulina.

	Sg.	Pl.
Nom.	domin-**us**	domin-**ī**
Gen.	domin-**ī**	domin-**ōrum**
Dat.	domin-**ō**	domin-**īs**
Akk.	domin-**um**	domin-**ōs**
Vok.	domin-**e**	domin-**ī**
Abl.	domin-**ō**	domin-**īs**

Beispiel:
puer, pueri *m* der Junge, das Kind
ager, agri *m* der Acker, das Feld

Die Deklinationsformen der Substantive auf -(e)r sind außer im Nom./Vok. Sg. denen der Substantive auf -us gleich. Da das -e- in den deklinierten Formen zum Teil fehlt, muss man immer den Gen. Sg. mitlernen.

	Sg.	Sg.
Nom.	puer	ager
Gen.	puer-**ī**	agr-**ī**
Dat.	puer-**ō**	agr-**ō**
Akk.	puer-**um**	agr-**um**
Abl.	ā puer-**ō**	in agr-**ō**

Beispiel:
templum, -i *n* der Tempel

Die Substantive der o-Deklination auf **-um** sind Neutra. Sie haben im Nom. und Akk. wie alle Neutra gleiche Endungen.

	Sg.	Pl.
Nom.	templ-**um**	templ-**a**
Gen.	templ-**ī**	templ-**ōrum**
Dat.	templ-**ō**	templ-**īs**
Akk.	templ-**um**	templ-**a**
Abl.	templ-**ō**	templ-**īs**

3. Deklination

Beispiel:
senator, -ōris *m* der Senator

Die meisten Substantive der 3. Deklination bilden die Kasusformen wie senator.

	Sg.	Pl.
Nom.	senātor	senātōr-**ēs**
Gen.	senātōr-**is**	senātōr-**um**
Dat.	senātōr-**ī**	senātōr-**ibus**
Akk.	senātōr-**em**	senātōr-**ēs**
Abl.	senātōr-**e**	senātōr-**ibus**

Beispiel:
corpus, -oris *n* der Körper

Auch die Neutra der 3. Deklination haben im Nom. und Akk. gleiche Endungen.

	Sg.	Pl.
Nom.	corpus	corpor-**a**
Gen.	corpor-**is**	corpor-**um**
Dat.	corpor-**ī**	corpor-**ibus**
Akk.	corpus	corpor-**a**
Abl.	corpor-**e**	corpor-**ibus**

Beispiel:
hostis, hostis *m* der Feind

Einige Substantive bilden abweichend den Gen. Pl. auf **-ium,** z.B. civis, classis, finis, navis, urbs und mons.

	Sg.	Pl.
Nom.	host-is	host-ēs
Gen.	host-is	host-**ium**
Dat.	host-ī	host-ibus
Akk.	host-em	host-ēs
Abl.	host-e	host-ibus

Beispiel:
mare, maris *n* das Meer

Einige Neutra bilden den Abl.Sg. auf **-i,** den Gen.Pl. auf **-ium** sowie den Nom. und Akk.Pl. auf **-ia,** z.B. animal, moenia (Pl.).

	Sg.	Pl.
Nom.	mar-e	mar-**ia**
Gen.	mar-is	mar-**ium**
Dat.	mar-ī	mar-ibus
Akk.	mar-e	mar-**ia**
Abl.	mar-**ī**	mar-ibus

3. Deklination: Wortstamm

Bei vielen Substantiven der 3. Deklination ist der Wortstamm nicht am Nom. Sg. erkennbar; daher muss man den Gen. Sg. mitlernen: Durch Wegstreichen der Endung (-is) erhält man den Wortstamm.

Beispiele:

Nom.	Gen.	Wortstamm
lūx	lūc-is	lūc-
comes	comit-is	comit-
plēbs	pleb-is	pleb-
senex	sen-is	sen-

Die 3. **Deklination** wird wegen der unterschiedlichen Bildung der Wortstämme auch **Mischdeklination** genannt.

3. Deklination: Genera

a) Grammatisches Geschlecht

Bei den verschiedenen Substantiven der 3. Deklination ist in Lexika grundsätzlich das Genus zu beachten. Nach ihren Endungen fasst man die Substantive in mehrere Gruppen zusammen, deren **grammatisches Geschlecht** bestimmten Regeln folgt. Häufig kommen vor:

- Substantive auf -or (z. B. clamor, -oris): Maskulina
- Substantive auf -o (z. B. regio,-onis oder origo,-inis): Feminina
- Substantive auf -s oder -x (z. B. plebs, plebis oder vox, vocis): Feminina
- Substantive auf -as (z. B. calamitas, -atis): Feminina
- Substantive auf -es oder -is (z. B. nubes, -is oder navis, -is): Feminina
- Substantive auf -us (z. B. corpus, -oris): Neutra
- Substantive auf -en (z. B. nomen, -inis): Neutra

b) Natürliches Geschlecht

Manche Substantive folgen allerdings dem **natürlichen Geschlecht,**
z. B. senex, senis (*m*).
Auch homo, hominis galt bei den Römern als maskulin.

Manche Substantive sind zweigeschlechtlich,
z. B. fur, furis (Dieb, Diebin) oder comes, comitis (Gefährte, Gefährtin).

3. Deklination: Endungen

Die folgende Übersicht enthält die Kasusendungen zur 3. Deklination. Im Fettdruck erscheint jeweils diejenige Endung, die am häufigsten auftritt:

	Sg.	Pl.
Nom.	**–**, s, is	**ēs**, a, ia
Gen.	**is**	**um**, ium
Dat.	**ī**	**ibus**
Akk.	**em**, e, im	**ēs**, a, ia
Abl.	**e**, ī	**ibus**

u-Deklination (4. Deklination)

Beispiel:
casus, -ūs *m* der Fall, Zufall

	Sg.	Pl.
Nom.	cās-**us**	cās-**ūs**
Gen.	cās-**ūs**	cās-**uum**
Dat.	cās-**uī**	cās-**ibus**
Akk.	cās-**um**	cās-**ūs**
Abl.	cās-**ū**	cās-**ibus**

Die meisten Substantive dieser Deklination sind Maskulina.
Zu domus, -ūs (*f*) werden auch Formen der o-Deklination gebildet,
z. B. dom-ōs neben dom-ūs (Akk. Pl.).

e-Deklination (5. Deklination)

Beispiel:
rēs, rěī *f* Sache, Ding

	Sg.	Pl.
Nom.	**rēs**	**rēs**
Gen.	**rěī**	**rērum**
Dat.	**rěī**	**rēbus**
Akk.	**rem**	**rēs**
Abl.	**rē**	**rēbus**

Fast alle Substantive dieser Deklinationsklasse sind Feminina.
Eine Ausnahme ist dies, diei (*m*) der Tag.

Grammadux fasst zusammen: 3. Deklination

➤ Die Substantive der 3. Deklination sind wirklich ein besonderes Problem. Sie sehen ja schon im Nominativ immer wieder anders aus.

Gr. Eben deshalb musst du auf die Lernform zurückgehen, denn selbst Substantive, die im Nominativ völlig unterschiedlich aussehen, wie

haruspex, miles, multitudo,

werden ganz einheitlich dekliniert. Denn an den jeweiligen Wortstamm, nämlich

haruspic-, milit-, multitudin-,

werden genau die gleichen Endungen angefügt wie bei senator. Und den Wortstamm erhältst du, indem du die Genitivendung abdeckst.

➤ Das ist schon einleuchtend, aber es gibt doch manchmal unterschiedliche Endungen für den gleichen Kasus.

Gr. Dann wollen wir einmal die möglichen Varianten bei den Endungen unter die Lupe nehmen. Denke erstens daran, dass die *Neutra* im Nominativ Plural auf -a enden und im Akkusativ immer die gleiche Endung haben wie im Nominativ.
Zweitens – und da wird es nun wirklich etwas verzwickt – kennst du ein paar, die den Genitiv Plural auf -ium bilden, nämlich z. B. mons, urbs, civis, classis, finis und navis. Solche Fälle musst du dir besonders einprägen.

➤ Und dann noch das Problem mit den Geschlechtern!

Gr. Die grammatischen *Geschlechter* sind in jeder Fremdsprache ein Problem. Damit haben auch alle Leute Schwierigkeiten, die Deutsch lernen.
Für die 3. Deklination kann ich dir leider keine Regeln angeben, die für sämtliche Wörter stimmen. Du wirst immer wieder Ausnahmen und Einzelfälle beachten müssen, aber ich will gerne versuchen, dir einen Überblick zu geben, wie Endungen und grammatische Geschlechter im Normalfall zusammengehören:

Endung	Geschlecht	Beispiel	
-or	*m*	mercator	
-es (-itis)	*m*	miles	
-o	*f*	regio	
-as	*f*	calamitas	
-es/-is	*f*	nubes/navis	(viele Ausnahmen!)
-s nach Kons. bzw. -x	*f*	plebs/vox	
-us	*n*	corpus	
-en	*n*	nomen	

Ich hoffe, dass ich dir ein paar Stolpersteine aus dem Weg geräumt habe.

1 Nominativ (1. Fall)

	Sg.		Pl.		
Nom.	domin-**a**	die/eine Herrin	domin-**ae**	(die) Herrinnen	a-Dekl.
Nom.	domin-**us**	der/ein Herr	domin-**ī**	(die) Herren	o-Dekl.
Nom.	senāt**or**	der/ein Senator	senātōr-**ēs**	(die) Senatoren	3. Dekl.
Nom.	cās-**us**	der/ein Fall	cās-**ūs**	(die) Fälle	u-Dekl.
Nom.	r**ēs**	die/eine Sache	r**ēs**	(die) Sachen	e-Dekl.

2 Nominativ als Subjekt

Servus accedit.
Der Sklave kommt heran.

Servi laborant.
Die Sklaven arbeiten.

Der Nominativ hat wie im Deutschen und Englischen die Satzgliedfunktion des Subjektes. Das **Subjekt** (der Satzgegenstand) ist die Person oder Sache, über die im **Prädikat** (in der Satzaussage) etwas ausgesagt wird. Nach dem Subjekt fragen wir „wer oder was?“. Wie im Englischen und Deutschen stimmt das Subjekt mit dem Prädikat im Numerus (Sg. bzw. Pl.) überein. Diese Übereinstimmung nennt man **Kongruenz**.

Subjekt	Prädikat
Servus	accedit.
Servi	laborant.

Laboran*t*.
Sie arbeiten.

Im Lateinischen kann ein eigenes Subjekt auch fehlen, da die jeweilige Person an der Endung zu erkennen ist; das Subjekt kann also im Prädikat enthalten sein. Bei der Übersetzung muss man im Deutschen entsprechende Pronomina (Fürwörter) einsetzen.

3 Nominativ als Prädikatsnomen

Titus mercator est.
Titus ist Kaufmann.
Titus is a merchant.

Im Lateinischen kann das Prädikat aus einer Form des Hilfsverbs esse und einem Substantiv im Nominativ, dem **Prädikatsnomen**, bestehen. Diese Konstruktion ist auch im Deutschen und Englischen üblich.

Subjekt —— Prädikat
Titus est
mercator
(Präd. nom.)

▶ *73* Adjektiv als Prädikatsnomen

4 Nominativ als Prädikativum

a) Erscheinungsform

Hannibal *senex* decessit.
Hannibal starb *als alter Mann*.

Im Lateinischen können bestimmte **Substantive** im Nominativ zur Ergänzung eines Vollverbs prädikativ gebraucht werden; ein so verwendetes Nomen heißt **Prädikativum**.

Bei der Wiedergabe im Deutschen wird 'als' eingefügt.
Substantivische Prädikativa sind meist Altersangaben oder Amtsbezeichnungen.
Häufig treten folgende Substantive auf:

senex	als alter Mann
puer	als Junge, in seiner Kindheit
consul	als Konsul, in seinem Konsulat
victor	als Sieger
imperator	als Feldherr

Bisweilen können substantivische Prädikativa auch in anderen Kasus auftreten.

▶ *74* Adjektiv als Prädikativum

b) Satzgliedfunktion

Das Prädikativum lässt sich, da es ein Vollverb näher erläutert, als Adverbiale auffassen; im Gegensatz zu anderen Adverbialien ist es jedoch – wie das Partizip – mit einem Beziehungsnomen (hier: Hannibal) kongruent.

5 Nominativ als Attribut

Manlius senator accedit.
Der Senator Manlius kommt heran.

Das Subjekt Manlius wird durch ein **Attribut** (eine Beifügung) genauer erläutert. Das Substantiv senator hat hier die Satzgliedfunktion des Attributes.
Substantive können als Attribute in allen Kasus auftreten.

Subjekt ——— Prädikat
Manlius accedit
¦
Attribut
senator

▶ Der **Nominativ mit Infinitiv (NcI)** findet sich *136*.

6 Genitiv (2. Fall)

	Sg.		Pl.		
Gen.	domin-**ae**	der/einer Herrin	domin-**ārum**	der Herrinnen	a-Dekl.
Gen.	domin-**ī**	des/eines Herren	domin-**ōrum**	der Herren	o-Dekl.
Gen.	senātōr-**is**	des/eines Senators	senātōr-**um**	der Senatoren	3. Dekl.
Gen.	cās-**ūs**	des/eines Falles	cās-**uum**	der Fälle	u-Dekl.
Gen.	**rēī**	der/einer Sache	**rērum**	der Sachen	e-Dekl.

Bei Substantiven der 3. Deklination muss immer der Genitiv Singular mitgelernt werden; durch Abstreichen der Endung **-is** erhält man den Wortstamm.

Genitiv als Attribut

7 Genitiv der Zugehörigkeit

Fundus avi magnus est.
Das Landgut des Großvaters ist groß.
Grandfather´s estate is large.

Als Attribut bezeichnet der Genitiv wie im Deutschen und Englischen die Zugehörigkeit einer Person oder Sache zu einer anderen.

Nach dem **Genitivattribut** fragen wir „wessen?"

Subjekt —— Prädikat
Fundus est
Attribut avi
magnus (Präd. nom.)

▶ *11* Genitiv der Zugehörigkeit als Prädikatsnomen

vilicus senis severi
der Verwalter des strengen alten Mannes
vilicus senis severus
der strenge Verwalter des alten Mannes

Du kannst an den Endungen (entsprechend der **KNG-Kongruenz** ▶ *71*) erkennen, wie die Einzelwörter zusammengehören.

8 Genitiv der Beschaffenheit

res	eius modi
eine Sache	*von dieser Art*
eine	*derartige* Sache
iter	*paucorum dierum*
ein Marsch	*von wenigen Tagen*
vir	*summi ingenii*
ein Mann	*von höchster Begabung*
homines	*omnis aetatis*
Menschen	*jeder Altersstufe*
res	*magni pretii*
eine Sache	*von großem Wert*
eine	*wertvolle* Sache

Der Genitiv als Attribut kann die Beschaffenheit oder Eigenart eines Substantivs bezeichnen (Genitivus qualitatis).

▶ *13* Genitiv der Beschaffenheit als Prädikatsnomen

9 Genitivus subiectivus Genitivus obiectivus

Metus *hostium* apud omnes magnus erat.
Etiam *consulis* metus magnus erat.

Die Angst *vor den Feinden* war bei allen groß.
Auch die Angst *des Konsuls* war groß.

Nach bestimmten Substantiven, vor allem solchen, die ein Gefühl ausdrücken (z.B. amor, spes, metus), kann der Genitiv bezeichnen:

- die Person(en), die als „Subjekt" diese Empfindung hat (haben),
- die Person(en) oder Sache(n), die „Objekt" dieses Gefühles ist (sind).

Genitivus subiectivus und obiectivus sind als Attribut aufzufassen. Welcher Genitiv vorliegt, ergibt sich aus der Bedeutung der Substantive oder aus dem Kontext.

Beachte folgende Wendungen:

amor patris	die Liebe des Vaters (subi.) die Liebe zum Vater (obi.)
timor Romanorum	die Furcht der Römer (subi.) die Furcht vor den Römern (obi.)
spes salutis	Hoffnung auf Rettung (obi.)
metus mortis	die Furcht vor dem Tod, Todesfurcht (obi.)
studium litterarum	Beschäftigung mit den Wissenschaften (obi.)
desiderium tui	Sehnsucht nach dir (obi.)
fiducia sui	Selbstvertrauen (obi.)

10 Genitivus partitivus

Cur ibi multitudo *hominum* est?
Pars *eorum* in tabernis res varias emit, pars stat et spectat.

Warum ist dort eine Menge *Menschen*?
Ein Teil *von ihnen* kauft verschiedene Sachen in den Läden, ein (anderer) Teil steht herum und schaut.

Der Genitivus partitivus (hier: hominum bzw. eorum) bezeichnet die Gesamtheit, von der ein bestimmter Teil (hier: multitudo bzw. pars) genannt wird.

Der Genitivus partitivus steht hauptsächlich bei Maß- und Mengenangaben (z.B. numerus, vis, copia, pars, multum) sowie bei einigen Pronomina (z.B. nemo, quis). Er ist als Attribut aufzufassen.

Beachte folgende Wendungen:

magna vis frumenti	eine große Menge Getreide
multum operae	viel Mühe
parum temporis	zu wenig Zeit
tantum pecuniae	so viel Geld
satis praesidii	genügend Schutz
nil/nihil novi	nichts Neues
quis vestrum?	wer von euch?
quid consilii?	welcher Plan?
ubi terrarum?	wo auf der Welt?
maior fratrum	der ältere Bruder

Genitiv als Prädikatsnomen

11 Genitiv der Zugehörigkeit

Haec domus *est patris.*
Dieses Haus *gehört dem Vater.*

Haec omnia *regis sunt (fiunt).*
Dies alles *ist (wird) Eigentum* des Königs.

Der Genitiv der Zugehörigkeit hebt bei Formen von esse (und fieri) den Eigentümer einer Sache hervor (Genitivus possessivus).

Consulis erat rem publicam regere.
Es war die Aufgabe eines Konsuls, den Staat zu lenken.

Viri sapientis est nihil timere.
Es ist typisch für einen Weisen, nichts zu fürchten.

Iudicis est verum sequi.
Es ist Pflicht eines Richters, der Wahrheit zu folgen.

Magni viri est civibus consulere.
Es ist Zeichen (Wesenszug) eines großen Mannes, für die Mitbürger zu sorgen.

Wendungen, die aus einem Genitiv der Zugehörigkeit und einem unpersönlichen est bestehen, drücken aus, dass etwas Aufgabe, Pflicht oder charakteristische Eigenschaft der Person ist, die im Genitiv steht.

Da der Genitiv der Zugehörigkeit eng zur Form von esse gehört und mit dieser das Prädikat bildet, wird er als Prädikatsnomen aufgefasst.

▶ *7* Genitiv der Zugehörigkeit als Attribut

12 Genitiv des Wertes

Mercator: „Res, quas ego vendo, *magni* sunt."
Der Kaufmann: „Die Sachen, die ich verkaufe, sind *viel wert.*"

In Verbindung mit esse (wert sein, gelten) sowie mit Verben des Einschätzens (z.B. putare) bezeichnet der Genitiv den Wert einer Person oder Sache (Genitivus pretii). Er ist meist als Prädikatsnomen aufzufassen.

Häufig treten folgende Wendungen auf:

magni (pluris, plurimi) esse
viel (mehr, am meisten) wert sein/gelten

parvi (minoris, minimi) esse
wenig (weniger, am wenigsten) wert sein/gelten

tanti (quanti) esse
so viel (wie viel) wert sein/gelten

magni (parvi) aestimare/putare/facere
hoch (gering) (ein)schätzen

▶ *37* Ablativ der Preisangabe

13 Genitiv der Beschaffenheit

Cicero magni ingenii erat.
(Cicero war von großer Begabung.)
Cicero war sehr begabt.

Bisweilen tritt der Genitiv der Beschaffenheit (Genitivus qualitatis) als Prädikatsnomen (bei esse) auf.

▶ *8* Genitiv der Beschaffenheit als Attribut

14 Genitiv als Objekt

Consul *officii* meminerat; *auctoritatis* studiosus erat.
Der Konsul dachte *an seine Pflicht;* er war *um sein Ansehen* bemüht.

Als Objekt steht der Genitiv nach wenigen Verben (hier: meminisse) und einigen Adjektiven, z.B. studiosus, cupidus, peritus.

▶ *A2*: Verben und Adjektive mit vom Deutschen abweichender Kasusrektion

F 15 Dativ (3. Fall)

	Sg.		Pl.		
Dat.	domin-**ae**	der/einer Herrin	domin-**īs**	(den) Herrinnen	a-Dekl.
Dat.	domin-**ō**	dem/einem Herren	domin-**īs**	(den) Herren	o-Dekl.
Dat.	senātōr-**ī**	dem/einem Senator	senātōr-**ibus**	(den) Senatoren	3. Dekl.
Dat.	cās-**uī**	dem/einem Fall	cās-**ibus**	(den) Fällen	u-Dekl.
Dat.	**rĕī**	der/einer Sache	**rēbus**	(den) Sachen	e-Dekl.

S 16 Dativ als Objekt

Amicus mihi adest.
Der Freund hilft mir.

Wie im Deutschen bezeichnet der Dativ als Objekt die Person (oder Sache), der eine Handlung gilt. Nach dem Dativobjekt fragen wir „wem?".

Romani deis sacra faciebant.
Die Römer brachten den Göttern Opfer dar.

Der Dativ ergänzt als Objekt auch Verben, die schon ein Akkusativobjekt bei sich haben. Welche und wie viele Objekte stehen können oder müssen, wird durch das Prädikat festgelegt.

Magistratus *potestati suae* confidebat.
Der Beamte vertraute *auf seine Macht*.

Imperator *hostibus* non pepercit.
Der Feldherr schonte *die Feinde* nicht.

Gelegentlich muss man bei der Wiedergabe im Deutschen einen anderen Kasus oder einen Präpositionalausdruck verwenden.

▶ *A2*: Verben und Adjektive mit vom Deutschen abweichender Kasusrektion

Dativ als Prädikatsnomen

17 Dativ des Besitzers

Avo fundus *est*.
(Dem Großvater ist ein Landgut zu Eigen.)
Dem Großvater gehört ein Landgut.
Der Großvater hat (besitzt) ein Landgut.

In Verbindung mit einer 3. Person von esse bezeichnet der Dativ ein Besitzverhältnis (Dativus possessoris).
Da er zusammen mit der Form von esse das Prädikat bildet, ist der Dativ des Besitzers als Prädikatsnomen aufzufassen.
Der Dativ des Besitzers tritt auch in übertragener Bedeutung auf:

Mihi controversia *erat* cum amica.
Ich hatte Streit mit meiner Freundin.

Mihi nomen Grammadux *est*.
Ich heiße Grammadux.

18 Dativ des Zwecks

Hoc *magno usui* est.
Das ist *von großem Nutzen.*

Der Dativ eines abstrakten Substantivs (z.B. usus, honos, cura) gibt in Verbindung mit einer Form von esse an, welche Auswirkung oder welchen Zweck etwas hat (Dativus finalis).
Der Dativ des Zwecks ist als Prädikatsnomen (bei esse) aufzufassen.

Häufig sind folgende Ausdrücke:

usui esse	von Nutzen/nützlich sein
detrimento esse	von Nachteil/schädlich sein
honori esse	(zur Ehre gereichen) Ehre einbringen
curae esse	Sorge bereiten
cordi esse	am Herzen liegen
odio esse	verhasst sein

Hoc *mihi* magno usui est.
Das ist *für mich* von großem Nutzen.

Die von der Sache betroffene Person steht ebenfalls im Dativ.

Der Dativ des Zwecks tritt (als Adverbiale) bisweilen auch bei einigen Vollverben auf, z.B.:

crimini dare	zum Vorwurf machen
auxilio mittere (venire)	zu Hilfe schicken (kommen)

Dativ als Adverbiale

19 Dativ des Vorteils

Non *scholae*, sed *tibi* discis.
Du lernst nicht *für die Schule*,
sondern *für dich.*

Homo non *sibi soli* vivit.
Der Mensch lebt nicht *für sich allein.*

Magistratus *civibus* provident.
Die Beamten sorgen *für die Bürger.*

Der Dativ des Vorteils (Dativus commodi) bezeichnet eine Person oder Sache, für die eine Handlung geschieht oder zu deren Vorteil (oder Nachteil) etwas ist.
Wir fragen „für wen?" oder „wofür?".

Manche Verben (z.B. providēre) verlangen den Dativ des Vorteils; sie haben jedoch eine andere Bedeutung, wenn ein Akkusativobjekt von ihnen abhängt, z.B.:

	m. Dat.	*m. Akk.*
consulere	sorgen für	um Rat fragen
providēre	sorgen für	vorhersehen
temperare	mäßigen, schonen	ordnen, leiten

▶ *A3* Verben mit unterschiedlicher Konstruktion im Lateinischen

20 Dativ des Urhebers

Hic liber *tibi* legendus est.
Dieses Buch muss *von dir* gelesen werden.
Du musst dieses Buch lesen.

Beim Gerundivum (▶151) steht die handelnde Person im Dativus auctoris (Dativ des Urhebers).

21 Akkusativ (4. Fall)

	Sg.		Pl.		
Akk.	domin-**am**	die/eine Herrin	domin-**ās**	(die) Herrinnen	a-Dekl.
Akk.	domin-**um**	den/einen Herren	domin-**ōs**	(die) Herren	o-Dekl.
Akk.	senātōr-**em**	den/einen Senator	senātōr-**ēs**	(die) Senatoren	3. Dekl.
Akk.	cās-**um**	den/einen Fall	cās-**ūs**	(die) Fälle	u-Dekl.
Akk.	**rem**	die/eine Sache	**rēs**	(die) Sachen	e-Dekl.

22 Akkusativ als Objekt

Marcus senatorem videt.
Markus sieht den Senator.

Der Akkusativ hat wie im Deutschen und Englischen die Satzgliedfunktion des Objektes. Er gibt die Person oder Sache an, auf die die Handlung unmittelbar gerichtet ist oder einwirkt. Objekte hängen vom Prädikat ab und ergänzen es. Nach dem **Akkusativobjekt** fragen wir „wen oder was?“.

Subjekt Marcus	Prädikat videt
	Objekt senatorem

Verben, die ein Akkusativobjekt nach sich haben können, heißen „transitive“ Verben, die anderen Verben nennt man „intransitiv“.

Hercules *multos homines* adiuvit.
Herkules half *vielen Menschen*.

Der Akkusativ als Objekt wird meist mit einem Akkusativ übersetzt, manchmal ist aber die Wiedergabe mit einem anderen Kasus oder einem Präpositionalausdruck vorzuziehen.

▶ *A2* Verben und Adjektive mit vom Deutschen abweichender Kasusrektion

23 Doppelter Akkusativ

Cives *C. Mucium virum fortissimum* vocabant.
Die Bürger nannten *C. Mucius einen sehr tapferen Mann*.

Cives *C. Mucium audacem* putabant.
Die Bürger hielten *C. Mucius für kühn*.

Ein doppelter Akkusativ entsteht meist dadurch, dass nach bestimmten Verben zu einem Akkusativobjekt (hier: C. Mucium) ein Prädikatsnomen tritt (hier: virum fortissimum bzw. audacem), das mit dem Akkusativobjekt in Kongruenz steht, z. B. nach:

vocare, appellare	nennen, bezeichnen (als)
putare, existimare, ducere	halten für
creare	wählen zu
facere, reddere	machen (zu)
habere	haben als, ansehen als
iudicare	beurteilen als
se praebere, se praestare	sich zeigen, sich erweisen (als)

C. Mucius *audax* habebatur.
C. Mucius wurde *für kühn* gehalten.

Im Passiv steht bei diesen Verben ein doppelter Nominativ.

Akkusativ als Adverbiale

24 Akkusativ der Richtung

Cives legatos *Delphos* miserunt.
Die Bürger schickten Gesandte *nach Delphi*.

Bei Namen von Städten (und kleinen Inseln) gibt der Akkusativ ohne Präposition die Richtung bzw. das Ziel an, z. B.:

Romam	nach Rom
Carthaginem	nach Karthago
Athenas	nach Athen
Delum	nach Delos

Wir fragen „wohin?“.

25 Akkusativ der Ausdehnung

Multos annos homines Delphos veniebant.
Viele Jahre lang kamen die Menschen nach Delphi.

Der Akkusativ der Ausdehnung bezeichnet meist Zeiträume, z. B.:

decem annos	zehn Jahre lang
dies noctesque	Tag und Nacht
duodeviginti annos natus	18 Jahre alt

Wir fragen „wie lange?“.

Richtungsangaben

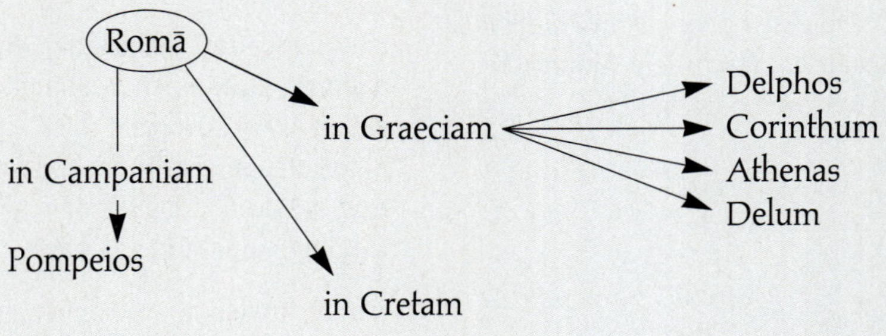

▶ Der **Akkusativ mit Infinitiv** (AcI) findet sich *135*.

26 Vokativ (5. Fall)

Propera, *Claudia!*	Propera, *Marce!*	*Propera, mi fili!*
Beeile dich, Claudia!	Beeile dich, Markus!	Beeile dich, mein Sohn!

Im Lateinischen gibt es den **Vokativ**, einen eigenen **Kasus** (Fall), um jemanden anzureden. Die Formen sind im Allgemeinen denen des Nominativs gleich.

Ausnahmen: Bei Substantiven der o-Deklination auf **-us** hat der Vokativ Singular die Endung **-e**.
Eigennamen auf **-ius** enden im Vokativ Singular auf **-i**.

27 Ablativ (6. Fall)

		Sg.	Pl.	
Abl.	(cum)	domin-**ā**	domin-**īs**	a-Dekl.
Abl.	(cum)	domin-**ō**	domin-**īs**	o-Dekl.
Abl.	(cum)	senātōr-**e**	senātōr-**ibus**	3. Dekl.
Abl.		cās-**ū**	cās-**ibus**	u-Dekl.
Abl.		r**ē**	r**ēbus**	e-Dekl.

Der **Ablativ** ist ein lateinischer Kasus, den es im Deutschen nicht gibt.
Eine wörtliche Übersetzung ist also nicht möglich.
Der Ablativ ist außerordentlich wichtig, da er häufig und in verschiedenen Funktionen vorkommt. Ist das -a Ablativendung, so wird es lang gesprochen (ā).

Ablativ als Adverbiale

28 Ablativ des Mittels

Populus senatorem *ludibriis* violat.
Das Volk beleidigt den Senator *mit spöttischen Bemerkungen.*

Der Ablativ kommt vor allem in der Satzgliedfunktion des Adverbiales vor. Als Ablativ des Mittels (Ablativus instrumentalis) gibt er an, womit etwas getan wird.
Wir fragen „womit?“ oder „wodurch?“.
Im Deutschen muss man eine passende Präposition einsetzen, z. B. ‘mit’ oder ‘durch’.

Discipuli magistram *magno gaudio* afficiunt.
(Die Schüler versehen die Lehrerin *mit großer Freude.*)
Die Schüler erfreuen die Lehrerin sehr.

Discipuli *magna laude* digni sunt.
(Die Schüler sind *großen Lobes* würdig.)
Die Schüler verdienen großes Lob.

Der Ablativ des Mittels steht auch nach Verben, die „anfüllen, ausstatten“ (z. B. afficere) bedeuten, sowie nach einigen Adjektiven (z. B. contentus, dignus).

29 Ablativ des Grundes

Serva *argento* gaudet.
Die Sklavin freut sich *über das Geld.*

Nach Verben (und Adjektiven) der Gefühlsäußerung (hier: gaudere) gibt der Ablativ den Grund an (Ablativus causae).
Wir fragen „worüber?“ oder „weshalb?“.

Der Ablativ des Grundes tritt häufig auf bei:

gaudere	sich freuen über
dolere	Schmerz empfinden über (wegen)
laetus	froh über
tristis	traurig über (wegen)
superbus	stolz auf (wegen)

Misericordiā mota (adducta) matrona hospitem adiuvit.
(Von Mitleid bewegt, half die Frau dem Fremden.)
Aus Mitleid half die Frau dem Fremden.

Steht der Ablativ des Grundes bei einem PPP (hier: mota), so kann dieses im Deutschen unübersetzt bleiben.

30 Ablativ des Ortes

In Graecia oracula praeclara erant.
In Griechenland gab es berühmte Orakel.

Bei Ortsangaben steht im Allgemeinen der Ablativ mit der Präposition in.

Delphis oraculum praeclarum erat.
In Delphi war ein berühmtes Orakel.

Toto orbe terrarum Romani multum valebant.
Auf der ganzen Welt hatten die Römer großen Einfluss.

Romani *multis locis* hostes superabant.
Die Römer besiegten die Feinde *an vielen Orten (Stellen)*.

Romani *terra marique* hostes superabant.
Die Römer besiegten ihre Feinde *zu Wasser und zu Land*.

Der bloße Ablativ (Ablativus loci) kommt vor bei Städtenamen, bei Wendungen mit dem Adjektiv totus oder dem Substantiv locus und bei einigen festen Wendungen.
Wir fragen „wo?".

Romae templum Iovis Optimi Maximi erat.
In Rom stand der Tempel des Jupiter Optimus Maximus.

Bei Namen auf -us, -a oder -um (Sg. der o- und a-Deklination) hat sich eine alte Form („Lokativ") erhalten, die aussieht wie der Genitiv Singular, z. B.:

Romae	in Rom
Corinthi	in Korinth

31 Ablativ des Ausgangspunktes

Legati *Roma* Delphos missi sunt.
Die Gesandten wurden *von Rom* nach Delphi geschickt.

Bei Namen von Städten (und kleinen Inseln) bezeichnet der Ablativ ohne Präposition den Ausgangspunkt.
Wir fragen „woher?".

32 Ablativ der Zeit

hac nocte	in dieser Nacht
prima luce	bei Tagesanbruch
eodem anno	im gleichen Jahr
antiquis temporibus	in alten Zeiten

Der Ablativ wird auch zur Angabe einer Zeit (Ablativus temporis) verwendet.
Wir fragen „wann?".

33 Ablativ der Trennung

Consul civitatem *(a) periculo* liberavit.
Der Konsul befreite die Bürgerschaft *von (aus) der Gefahr*.

Der Ablativ der Trennung (Ablativus separativus) steht (mit oder ohne Präposition) als Adverbiale vor allem bei Ausdrücken des Befreiens und Fernhaltens.
Im Deutschen wird der Ablativ meist mit einem Präpositionalausdruck wiedergegeben:

(a) finibus prohibere	von einem Gebiet abhalten
a periculo servare	aus einer Gefahr retten
ab hostibus defendere	vor den Feinden (gegen die Feinde) verteidigen
liber (a) metu	frei von Furcht

▶ *38* Ablativ der Trennung als Objekt

34 Ablativ des Vergleichs

Dracone nulla bestia periculosior erat.
Kein wildes Tier war gefährlicher *als der Drache.*

In einem Vergleichssatz mit einem Komparativ bezeichnet der Ablativ die Person oder Sache, mit der verglichen wird.

▶ *77* Vergleich mit quam/Ablativ des Vergleichs

35 Ablativ der Beziehung

Caesar multis Romanis *virtute* praestitit.
Caesar multos Romanos *virtute* superavit/vicit.
Cäsar übertraf viele Römer *durch seine/an Tüchtigkeit.*

Non cuncti Romani Caesarem *virtute* iudicaverunt.
Nicht alle Römer beurteilten Cäsar *nach seiner Tüchtigkeit.*

Der Ablativ der Beziehung (Ablativus limitationis) findet sich vor allem bei Verben des Beurteilens und Verben, die einen Vergleich ausdrücken, z. B.:

praestare / superare / vincere	übertreffen an (in)
iudicare	beurteilen nach
inter se differre	sich unterscheiden in

Wir fragen „in welcher Beziehung?" oder „worin?".

Der Ablativ der Beziehung steht auch in einigen nominalen Wendungen, z. B.:

maior natu	älter (der Geburt nach)

36 Ablativ des Maßes

Caesar *multo* felicior erat quam adversarii.
Cäsar hatte *viel* mehr Glück (war *viel* glücklicher) als seine Gegner.

Quo felicior erat, *eo* clementior visus est.
Je mehr Glück er hatte, *desto* milder erschien er.

Nihilo minus ab adversariis necatus est.
Trotzdem („um nichts weniger") wurde er von seinen Gegnern umgebracht.

Der Ablativ des Maßes (Ablativus mensurae) steht in Wendungen, die einen Vergleich, ein Übertreffen oder einen (räumlichen oder zeitlichen) Abstand ausdrücken, z. B.:

multo facilius	viel (um vieles) leichter
multo praestare	weit (um vieles) übertreffen
paulo ante(a)	ein wenig früher, etwas eher
paulo post	ein wenig später, etwas später

Wir fragen „um wie viel?".

37 Ablativ der Preisangabe

Mercator: „Eas res *parvo* vendo."
Der Kaufmann: „Ich verkaufe diese Sachen *billig.*"

Bei Verben des Geschäftsverkehrs dient der Ablativ zur Preisangabe (Ablativus pretii), z. B.:

magno (parvo) emere (vendere)
teuer (billig) kaufen (verkaufen)

parvo (magno) stare/constare
wenig (viel) kosten

▶ *12* Genitiv des Wertes

Ablativ als Objekt

38 Ablativ der Trennung

Nonnullae gentes *libertate* carent.
Manche Völker haben keine *Freiheit*.

Nach manchen Verben, wie z. B. carere, steht der Ablativ der Trennung (Ablativus separativus) als Objekt und ist als Satzglied notwendig. Im Deutschen wird er oft mit Genitiv- oder Akkusativobjekt wiedergegeben.

libertate carere	keine Freiheit haben
auxilio egere	Hilfe brauchen
(ab) iniuriā abstinere	sich des Unrechts enthalten
vitā privare	des Lebens berauben

▶ *33* Ablativ der Trennung als Adverbiale
A2 Verben und Adjektive mit vom Deutschen abweichender Kasusrektion

39 Ablativ bei Deponentien

Omnes homines *otio et pace* frui volunt.
Alle Menschen möchten *Ruhe und Frieden* genießen.

Nach einigen Deponentien (z. B. uti, frui, fungi, potiri) steht das Objekt im Ablativ.

Beachte folgende Wendungen:

exemplo uti	ein Beispiel gebrauchen
vitā frui	das Leben genießen
munere fungi	ein Amt verwalten
castris potiri	das Lager in seine Gewalt bringen, erobern

Vobis amicis utimur.
Wir haben euch als Freunde.

Bei uti kann ein zweiter (prädikativer) Ablativ stehen; uti heißt dann 'haben als'.

▶ *A2* Verben und Adjektive mit vom Deutschen abweichender Kasusrektion

Ablativ als Prädikatsnomen

40 Ablativ der Beschaffenheit

Britanni *magna audacia* erant.
(Die Britannier waren *von großem Mut.*)
Die Britannier waren sehr mutig.

Der Ablativ der Beschaffenheit (Ablativus qualitatis) bezeichnet eine Eigenschaft. Bei Formen von esse ist er als Prädikatsnomen aufzufassen.

Beachte folgende Wendungen:

bono animo esse	guten Mutes sein, zuversichtlich sein
ingenio malo esse	eine schlechte Veranlagung besitzen
eodem iure esse	die gleiche Rechtsstellung haben

▶ *13* Genitiv der Beschaffenheit als Prädikatsnomen

Cicero, vir *summo ingenio* (= summi ingenii), multos libros scripsit.
Cicero, ein Mann *von (mit) höchster Begabung,* schrieb viele Bücher.

Bisweilen wird der Ablativ der Beschaffenheit wie der Genitiv der Beschaffenheit auch attributiv verwendet.

▶ Der **Ablativus absolutus** findet sich *146*.

Grammadux fasst zusammen: Kasusformen in verschiedenen Deklinationsklassen

Gr. Normalerweise kannst du Numerus und Kasus eines Substantivs an der Endung ablesen. Es gibt aber Fälle, in denen die gleiche Endung verschiedene Bedeutungen hat; sieh dir die folgenden Sätze an:

Amici mercatores salutant.	Die Freunde grüßen die Kaufleute.
Mercatores amicos salutant.	Die Kaufleute grüßen die Freunde.
Amicus mercatores salutat.	Der Freund grüßt die Kaufleute.

➤ Ich sehe da kein besonderes Problem.

Gr. Hast du es nicht gemerkt? Im ersten und dritten Satz war mercatores Akkusativobjekt, im zweiten Satz war die gleiche Form aber Subjekt. Um mehrdeutige Endungen wie -es richtig zu erfassen, musst du immer den Satzzusammenhang und die Verbformen beachten.

➤ Das ist aber doch nicht schlimm, weil das Subjekt am Satzanfang steht.

Gr. Das war bei diesen Sätzen der Fall, und meist beginnt im Lateinischen ein Satz auch mit dem Subjekt, dann folgt das Objekt, und das Prädikat steht am Schluss. Die übliche Reihenfolge ist also S-O-P. Manchmal sind aber Abweichungen von dieser Wortstellung möglich, z.B. kann ein Satz mit dem Objekt beginnen:

Dominos amici salutant, non servos.
Die Freunde grüßen die Herren, nicht die Sklaven.

➤ Das finde ich aber gar nicht gut.

Gr. Deshalb sagte ich ja, du musst aufpassen. Im Englischen kann es wegen der fehlenden Kasusendungen keine Ausnahmen von der S-P-O-Regel geben, und auch im Deutschen wäre so eine Wortstellung missverständlich.
Wenn sich das Subjekt nicht eindeutig feststellen lässt, können im Lateinischen sogar mehrere Lösungen sprachlich richtig sein; vergleiche z. B.:

Mercatores salutat.	Er/Sie grüßt die Kaufleute.
Mercatores salutant.	Die Kaufleute grüßen.
	Sie grüßen die Kaufleute.

Die inhaltlich richtige Übersetzung ergibt sich dann nur aus dem Kontext (dem Zusammenhang).

➤ Und da sagt man immer, im Lateinischen sei alles ganz klar!

Gr. Ja, ein bisschen denken musst du manchmal schon, aber das „Knobeln“ kann doch auch Spaß machen!

1. Funktionen

Ein Pronomen steht gewöhnlich „für ein Nomen", d.h. es nimmt dessen Stelle ein.

– Das neue Fahrrad gefällt mir sehr. *Es* fährt außerordentlich schnell.

Daneben kann das Pronomen auch – wie ein Adjektiv – ein Nomen näher bestimmen.

– *Dieses* schnelle Rad gehört mir. Es ist *mein* Fahrrad.

Im ersten Beispiel vertritt das Personalpronomen „es" ein Substantiv; es wird substantivisch gebraucht. Im zweiten Beispiel bestimmen das Demonstrativpronomen „dieses" und das Possessivpronomen „mein" die zugehörigen Substantive näher; sie werden adjektivisch gebraucht.
Auch im Lateinischen können Pronomina substantivisch oder adjektivisch verwendet werden.

2. Arten der Pronomina

Die deutschen Pronomina haben jeweils eine Entsprechung im Lateinischen.
Die wichtigsten Arten sind folgende:

Personalpronomen *(Persönliches Fürwort)*
– *Ich* besitze ein neues Fahrrad.

Reflexivpronomen *(Rückbezügliches Fürwort)*
Dieses Pronomen bezieht sich zurück auf das Subjekt des Satzes.
– Klaus freut *sich* über sein neues Fahrrad.

Demonstrativpronomen *(Hinweisendes Fürwort)*
– *Dieses* Rad ist meines, *jenes* gehört meiner Freundin.

Possessivpronomen *(Besitz anzeigendes Fürwort)*
– *Mein* Freund fährt noch schneller als ich.

Relativpronomen *(Bezügliches Fürwort)*
– Das Rennrad, *das* (*welches*) mein Freund besitzt, war teuer.

Interrogativpronomen *(Fragendes Fürwort)*
– *Wer* in unserer Klasse hat das schnellste Fahrrad?

Indefinitpronomen *(Unbestimmtes Fürwort)*
Dieses Pronomen bezeichnet Personen oder Gegenstände,
über die man nichts Genaues sagen kann.
– *Irgendein* Dieb hat mein Fahrrad gestohlen.

41 Personalpronomen

		Sg.		Pl.	
1. Person	Nom.	ego	ich	nōs	wir
	Gen.	meī	meiner	nostrī	unser
	Dat.	mihi	mir	nōbīs	uns
	Akk.	mē	mich	nōs	uns
	Abl.	ā mē/mēcum	von mir/mit mir	ā nōbīs/nōbīscum	von uns/mit uns
2. Person	Nom.	tū	du	vōs	ihr
	Gen.	tuī	deiner	vestrī	euer
	Dat.	tibi	dir	vōbīs	euch
	Akk.	tē	dich	vōs	euch
	Abl.	ā tē/tēcum	von dir/mit dir	ā vōbīs/vōbīscum	von euch/mit euch

Als Genitivform tritt bisweilen nostrum bzw. vestrum auf, z.B.:
quis vestrum? wer von euch?

42 Personalpronomen: Verwendung

Quid? *Tu* parere dubitas?
Ego dominus sum, *tu* servus es!
Was? *Du* zögerst zu gehorchen?
Ich bin der Herr, *du* bist der Sklave!

Im Nominativ wird das Personalpronomen nur verwendet, wenn in einem Satz das – bereits im Verb enthaltene – Subjekt besonders betont werden soll.
In den anderen Kasus wird das Personalpronomen wie im Deutschen oder Englischen verwendet.

43 Reflexivpronomen (rückbezügliches Fürwort)

	Sg. und Pl.	Sg. und Pl.
Nom.	–	–
Gen.	suī	seiner (Sg.)/ihrer (Pl.)
Dat.	sibi	sich
Akk.	sē	sich
Abl.	ā sē/sēcum	von sich/mit sich

Zum Reflexivpronomen der 3. Person gibt es jeweils nur eine Form für alle drei Genera sowie für Singular und Plural. Im Deutschen gibt es nur im Gen. Sg. zwei verschiedene Formen, nämlich 'seiner' und 'ihrer'.

▶ *135 e* Pronomina im AcI

Demonstrativpronomina (hinweisende Fürwörter)

44 hic, ille, iste

hic
dieser (hier)

	Sg. *m*	*f*	*n*	Pl. *m*	*f*	*n*
Nom.	hic	haec	hoc	hī	hae	haec
Gen.		huius		hōrum	hārum	hōrum
Dat.		huic			hīs	
Akk.	hunc	hanc	hoc	hōs	hās	haec
Abl.	hōc	hāc	hōc		hīs	

ille
jener (dort)

	Sg. *m*	*f*	*n*	Pl. *m*	*f*	*n*
Nom.	ille	illa	illud	illī	illae	illa
Gen.		illīus		illōrum	illārum	illōrum
Dat.		illī			illīs	
Akk.	illum	illam	illud	illōs	illās	illa
Abl.	illō	illā	illō		illīs	

iste
dieser, der da

Das Demonstrativpronomen iste, ista, istud (Gen. istius, Dat. isti usw.) wird dekliniert wie ille, illa, illud.

45 hic, ille, iste: Verwendung

Das Demonstrativpronomen hic bezeichnet jemanden bzw. etwas, der bzw. das sich in unmittelbarer Nähe des Sprechers befindet. Das Demonstrativpronomen ille dagegen bezeichnet jemanden bzw. etwas, der bzw. das sich in größerer Entfernung vom Sprecher befindet.

Daedalus et Icarus fugerunt;
hic in mare cecidit, *ille* corpus filii invenit.
Dädalus und Ikarus flohen;
dieser (= *Ikarus*) fiel ins Meer, *jener* (= *Dädalus*) fand den Leichnam seines Sohnes.

Beziehen sich hic und ille auf einen vorhergehenden Satz, so bezieht sich hic auf das näherstehende, ille auf das weiter entfernte Wort.

Daedalus *haec* dixit: „…".
Dädalus sagte *folgendes*: „…".

Mit hic, haec, hoc wird häufig auf einen unmittelbar folgenden Text verwiesen.

Ista epistula me valde delectavit.
Dieser Brief hat mich sehr erfreut.

Iste fur in templum effūgit.
Dieser Dieb *(da)* ist in den Tempel entkommen.

Iste bezeichnet eine Person oder Sache, die einem Angeredeten nahe ist (z.B. epistula); manchmal hat es einen negativen oder verächtlichen Unterton (z.B. iste fur).

F 46 idem

idem derselbe, der nämliche

	Sg. m	Sg. f	Sg. n	Pl. m	Pl. f	Pl. n
Nom.	īdem	éadem	idem	iīdem	eaedem	éadem
Gen.		eiusdem		eōrundem	eārundem	eōrundem
Dat.		eīdem			(e)īsdem	
Akk.	eundem	eandem	idem	eōsdem	eāsdem	éadem
Abl.	eōdem	eādem	eōdem		(e)īsdem	

Die Formen von idem bestehen aus den Formen von is, ea, id und dem Suffix -dem. An der Fugenstelle kommen Lautveränderungen vor.

F 47 ipse

ipse, ipsa, ipsum selbst

	Sg. m	Sg. f	Sg. n	Pl. m	Pl. f	Pl. n
Nom.	ipse	ipsa	ipsum	ipsī	ipsae	ipsa
Gen.		ipsīus		ipsōrum	ipsārum	ipsōrum
Dat.		ipsī			ipsīs	
Akk.	ipsum	ipsam	ipsum	ipsōs	ipsās	ipsa
Abl.	ipsō	ipsā	ipsō		ipsīs	

S 48 Pronomen ipse: Verwendung

Cicero ipse	Cicero persönlich
haec ipsa nox	gerade diese Nacht
divitiae ipsae	Reichtum allein

Das Pronomen ipse dient zur nachdrücklichen Hervorhebung oder Abgrenzung einer Person oder Sache. Deshalb kann es auch die Bedeutungen 'gerade, genau, persönlich, unmittelbar' u.Ä. haben.

F 49 Possessivpronomen (besitzanzeigendes Fürwort)

1. Pers.	meus, a, um	mein	noster, tra, trum	unser
2. Pers.	tuus, a, um	dein	vester, tra, trum	euer
3. Pers.	suus, a, um (refl.)	sein, ihr	suus, a, um (refl.)	ihr

Possessivpronomina stehen als Attribute bei Substantiven. Oft sollen sie die Zugehörigkeit besonders betonen, z. B. *meis* manibus   mit *meinen eigenen* Händen

F 50 Pronomen is
(Demonstrativ-, Personal-, Possessivpronomen)

	Sg.		Pl.		
Nom.	is	dieser/er	iī/eī	diese/sie	*m*
	ea	diese/sie	eae	diese/sie	*f*
	id	dieses/es	ea	diese/sie	*n*
Gen.	eius	(dessen) sein	eōrum	(deren) ihr	*m*
	eius	(deren) ihr	eārum	(deren) ihr	*f*
	eius	(dessen) sein	eōrum	(deren) ihr	*n*
Dat.	eī	diesem/ihm	eīs/iīs	diesen/ihnen	*m*
	eī	dieser/ihr	eīs/iīs	diesen/ihnen	*f*
	eī	diesem/ihm	eīs/iīs	diesen/ihnen	*n*
Akk.	eum	diesen/ihn	eōs	diese/sie	*m*
	eam	diese/sie	eās	diese/sie	*f*
	id	dieses/es	ea	diese/sie	*n*
Abl.	eō		iīs/eīs		*m*
	eā		iīs/eīs		*f*
	eō		iīs/eīs		*n*

S 51 Pronomen is: Verwendung

Die Formen des Pronomens is verbinden oft Sätze, sie verweisen auf vorher genannte Personen (oder Dinge) oder stehen für diese im Text.

is vir	*dieser* Mann
is, qui laudat	*der(jenige)*, der lobt

Das Pronomen is wird häufig als **Demonstrativpronomen** (hinweisendes Fürwort) gebraucht.

Ubi est Marcus?	Quis *eum* vidit?
Wo ist Markus?	Wer hat *ihn* gesehen?

Oft wird das Pronomen is auch als **Personalpronomen** (persönliches Fürwort) anstelle einer bereits genannten Person oder Sache verwendet.

Gladiatores pugnant. Arma *eorum* fulgent.
Die Gladiatoren kämpfen. *Ihre* Waffen glänzen.

Die Genitivformen werden meist als **Possessivpronomen** (besitzanzeigendes Fürwort) verwendet. Aber:

Gladiatores armis *suis* pugnant.
Die Gladiatoren kämpfen mit *ihren* (eigenen) Waffen.

Formen des Possessivpronomens suus, a, um werden dann gebraucht, wenn sich das Pronomen auf das Subjekt des Satzes (hier: gladiatores) bezieht. Man nennt diese Verwendung von suus, a, um **reflexiv** (rückbezüglich).

52 Relativpronomen (bezügliches Fürwort)

	Sg.		Pl.		
Nom.	quī	der (welcher)	quī	die (welche)	*m*
	quae	die (welche)	quae	die (welche)	*f*
	quod	das (welches)	quae	die (welche)	*n*
Gen.	cuius	dessen	quōrum	deren	*m*
	cuius	deren	quārum	deren	*f*
	cuius	dessen	quōrum	deren	*n*
Dat.	cui	dem	quibus	denen	*m*
	cui	der	quibus	denen	*f*
	cui	dem	quibus	denen	*n*
Akk.	quem	den (welchen)	quōs	die (welche)	*m*
	quam	die (welche)	quās	die (welche)	*f*
	quod	das (welches)	quae	die (welche)	*n*
Abl.	quō		quibus		*m*
	quā		quibus		*f*
	quō		quibus		*n*

Die Ablativformen müssen im Deutschen je nach Zusammenhang mit entsprechenden Präpositionalausdrücken (z. B. 'mit dem', 'in der') übersetzt werden.

53 Relativsatz als Attribut

Taurus, *qui* Europam rapit, in undas desilit.
Der Stier, *der* Europa raubt, springt in die Wellen (hinab).

Das Relativpronomen richtet sich im Genus und Numerus nach seinem Bezugswort (NG-Kongruenz). Der Kasus wird jedoch wie im Deutschen von der Konstruktion des Relativsatzes bestimmt.
Die Relativsätze haben – wie der Genitiv oder das Adjektiv – meist die Satzgliedfunktion des Attributes. Sie können aber auch ein Subjekt oder Objekt vertreten.

Subjekt — Prädikat
Taurus — desilit

Attribut
qui Europam rapit

Adverbiale
in undas

▶ *113* Konjunktiv im Relativsatz

54 Verschränkte Relativsätze

Tibi dabo illum librum, quem optimum esse constat.
Ich werde dir jenes Buch geben, von dem feststeht, dass es ausgezeichnet ist.

Tibi dabo illum librum, qui quam bonus sit, scio.
Ich werde dir jenes Buch geben, von dem ich weiß, wie gut es ist.

Tibi dabo illum librum, quo lecto bene iudicare poteris.
Ich werde dir jenes Buch geben, nach dessen Lektüre du gut urteilen kannst.

Im Lateinischen gibt es Relativsätze, die mit einem AcI, einem weiteren Gliedsatz oder gelegentlich auch mit einem Ablativus absolutus verschmolzen („verschränkt") sind.
Da man diese Relativsätze im Deutschen nicht wörtlich wiedergeben kann, muss man bei der Übersetzung freiere Formulierungen wählen.

Häufig anwendbare Übersetzungsmöglichkeiten sind:

Tibi dabo illum librum,
Ich werde dir jenes Buch geben,

quem optimum esse constat.

- *mit Relativsatz und „von":*
  von dem feststeht, dass es ausgezeichnet ist.
- *mit Parenthese (Einschub):*
  das – wie bekannt (ist) – ausgezeichnet ist.
- *mit Adverb:*
  das bekanntlich ausgezeichnet ist.
- *mit Präpositionalausdruck:*
  das nach allgemeiner Überzeugung ausgezeichnet ist.

Wenn diese Konstruktion Schwierigkeiten bereitet, so kannst du dir zunächst vorstellen, dass vor dem Relativsatz ein Strichpunkt steht, und wie bei einem relativen Satzanschluss (▶ *55*) übersetzen z. B.:

Tibi dabo illum librum; quem optimum esse constat.
Ich werde dir jenes Buch geben; es steht fest, dass es ausgezeichnet ist.

Hast du so den Sinn richtig erfasst, dann musst du dich für eine der oben genannten Übersetzungsmöglichkeiten entscheiden und den Relativsatz wieder unterordnen.

55 Relativer Satzanschluss

Miles Plinio nuntiat: „Amicus tuus in magno periculo est."
Der Soldat meldet Plinius: „Dein Freund ist in großer Gefahr."

Plinius: „*Quod* si ita est, eum servare debemus."
Plinius: „Wenn *das* so ist, müssen wir ihn retten."

Quibus verbis omnes comites navem ascendere iussit.
Mit *diesen* Worten befahl er allen Begleitern, das Schiff zu besteigen.

Im Lateinischen kann – anders als im Deutschen oder Englischen – am Anfang eines Satzes statt eines Demonstrativpronomens ein Relativpronomen stehen, das sich auf ein Wort oder den Inhalt des vorhergehenden Satzes bezieht. Dadurch wird der Satz eng mit dem vorhergehenden verbunden. Im Deutschen muss man ein entsprechendes Demonstrativpronomen einsetzen.

Verallgemeinernde Relativpronomina

56 quisquis

quisquis **wer auch immer; jeder, der**

	m/f	n
Nom.	quisquis	quidquid

Quisquis es, lingua Latina tibi proderit.
Wer auch immer du bist, Latein wird dir nützen.

Das verallgemeinernde Relativpronomen quisquis/quidquid wird zumeist substantivisch verwendet. Es kommt fast nur im Nominativ vor.

57 quicumque

quicumque **wer auch immer; jeder, der**

	m	f	n
Nom.	quicumque	quaecumque	quodcumque

Quicumque linguam Latinam discit, multum discit.
Wer auch immer Latein lernt, lernt viel.

Carolus Magnus quacumque ratione eruditionem augere studebat.
Karl der Große bemühte sich die Bildung auf jede (erdenkliche) Weise zu fördern.

Das verallgemeinernde Relativpronomen quicumque wird adjektivisch und substantivisch verwendet. An die Deklinationsformen des Relativpronomens qui, quae, quod (▶ *52*) wird -cumque angefügt.

Interrogativpronomen und -partikel

58 Fragepartikel (Übersicht)

	Hauptsatz	Gliedsatz		Hauptsatz	Gliedsatz
-ne	(unübersetzt)	ob	utrum … an		
num	etwa	ob	-ne … an	– … oder	ob … oder
nonne	(etwa) nicht	–	… an		

Die Verwendung der Fragepartikel im Hauptsatz und Gliedsatz ergibt sich aus *60f*.

59 Interrogativpronomen (fragendes Fürwort)

a) substantivisch

quis? wer?
quid? was?

Quis tum bellum gessit?
Wer führte damals Krieg?

	m/f		*n*
Nom.	quis		quid
Gen.		cuius	
Dat.		cui	
Akk.	quem		quid
Abl.	ā quō/quōcum		quō

b)adjektivisch

qui …? quae …? quod …? welcher …? welche …? welches …?

Quod bellum Romani tum gesserunt?
Welchen Krieg führten die Römer damals?

Wird das Interrogativpronomen (Fragepronomen) adjektivisch verwendet, so stimmen die Deklinationsformen mit denen des Relativpronomens (qui, quae, quod) überein (▶ *52*).

60 Wort-, Satz- und Wahlfragen im Hauptsatz

Es gibt drei Arten von Fragesätzen:

a) Wortfragen

Sie werden mit einem Fragewort eingeleitet:

Quis venit? Wer kommt?

b) Satzfragen

Sie können mit drei verschiedenen Fragepartikeln beginnen:

Venit-**ne**? Kommt er?

-ne lässt die Antwort offen.

Nonne venit? Kommt er *(etwa) nicht*?

Nonne zeigt, dass der Fragende die Antwort „ja“ erwartet.

Num venit? Kommt er *etwa*?

Num zeigt, dass der Fragende die Antwort „nein“ erwartet.

c) Wahlfragen

Sie erfordern eine Entscheidung zwischen zwei oder mehr Möglichkeiten und können auf drei Arten formuliert werden:

Utrum domus nostra *an* vicini deleta est?
Nostra*ne* domus *an* vicini deleta est?
Domus nostra *an* vicini deleta est?

Wurde unser Haus oder das des Nachbarn zerstört?

Utrum bzw. -ne bleiben unübersetzt.

§ 61 Indirekte Fragesätze

In indirekten, d.h. von einem Hauptsatz abhängigen Fragesätzen steht im Lateinischen immer der Konjunktiv, im Deutschen meist der Indikativ.

a) Wortfragen

Filius senior quaerit: „Habes duos filios, pater. Scire velim, *uter* tibi carior sit."
Der ältere Sohn fragt: „Du hast zwei Söhne, Vater. Ich möchte wissen, *welcher* dir lieber ist."

Filius senior quaerit, *cur* frater patri carior sit.
Der ältere Sohn fragt, *warum* sein Bruder dem Vater lieber ist.

Indirekte Wortfragen werden mit den gleichen Fragewörtern (Pronomina oder Adverbien) eingeleitet wie direkte Wortfragen (▶ *60a*).

b) Satzfragen

Filius senior quaerit, *num* frater patri carior sit.
Der ältere Sohn fragt, *ob* sein Bruder dem Vater lieber sei.

Filius senior quaerit, semper*ne* ipse officio functus sit.
Der ältere Sohn fragt, *ob* er selbst seine Pflicht *nicht* immer erfüllt habe.

Indirekte Satzfragen werden mit num oder -ne eingeleitet, die beide mit 'ob' oder 'ob nicht' übersetzt werden können.

c) Wahlfragen

Filius senior quaerit, *utrum* officio fungi *an* luxuriose vivere melius sit.
Der ältere Sohn fragt, *ob* es besser sei, seine Pflicht zu tun *oder* ausschweifend zu leben.

Indirekte Wahlfragen werden mit

utrum … an
-ne … an → 'ob … oder'
an

formuliert.

d) Satzgliedfunktion

Die indirekten Fragesätze haben in der Regel die Satzgliedfunktion des (Akkusativ-) Objekts.

▶ *175* Gliedsätze als Objekt

Indefinitpronomina
(unbestimmte Fürwörter)

62 (ali)quis

a) substantivisch

aliquis **irgendjemand**
aliquid **irgendetwas**

	m/f	*n*
Nom.	aliquis	aliquid
Gen.	alicuius	alicuius reī
	usw.	usw.

Beim Indefinitpronomen (unbestimmten Fürwort) aliquis werden die Deklinationsformen des Interrogativpronomens quis um das Präfix ali- erweitert (▶ *59*).

b) adjektivisch

aliqui vir **irgendein Mann** **aliqua femina** **irgendeine Frau**

Wird das Indefinitpronomen adjektivisch verwendet, so stimmen die dem Präfix ali- folgenden Deklinationsformen weitgehend mit denen des Relativpronomens (qui, quae, quod) überein (▶ *52*):

	Sg.			*Pl.*		
	m	*f*	*n*	*m*	*f*	*n*
Nom.	aliquī	aliqua	aliquod	aliquī	aliquae	aliqua
Gen.		alicuius		aliquōrum	aliquārum	aliquōrum
		usw.			usw.	

c) si quis wenn jemand
nisi quid wenn nicht etwas

Nach si, nisi, num, cum und einigen anderen „kleinen Wörtern" steht das Präfix ali- nicht.

63 quisque

quisque **jeder**

	m/f		*n*
Nom.	quisque		quidque
Gen.		cuiusque	
		usw.	

Das Indefinitpronomen quis-que wird dekliniert wie das Interrogativpronomen quis (▶ *59*).

F 64 quidam

quidam ein gewisser

	substantivisch			adjektivisch		
	m	*f*	*n*	*m*	*f*	*n*
Nom.	quīdam	quaedam	quiddam	quīdam	quaedam	quoddam
Gen.		cuiusdam			cuiusdam	
		usw.			usw.	

Das Indefinitpronomen qui-dam kann substantivisch und adjektivisch gebraucht werden.
Es wird im Wesentlichen wie quis bzw. qui dekliniert (▶ *52*).
Allerdings wird m vor -dam zu n (quendam, quandam, quorundam, quarundam).

S 65 quidam: Verwendung

scriptor quidam Romanus
ein (gewisser) römischer Schriftsteller

scriptores quidam Romani
einige/gewisse römische Schriftsteller

Mit quidam wird eine Person oder Sache bezeichnet, die der Sprecher nicht genauer benennt. Der Plural bedeutet meistens 'einige'.

Hospes sacra quaedam res est.
Der Gast ist sozusagen/geradezu eine heilige Sache.

Manchmal dient quidam zur Abschwächung ('sozusagen, eine Art von') oder zur Verstärkung ('geradezu, wirklich').

T 66 Pronomina als Proformen

Daedalus et Icarus fugerunt. *Hic* in mare cecidit, *ille* corpus filii invenit.
Dädalus und Ikarus flohen. *Dieser* (= Ikarus) fiel ins Meer, *jener* (= Dädalus) fand den Leichnam seines Sohnes.

Daedalus artifex clarus erat. *Qui* etiam labyrinthum aedificaverat.
Dädalus war ein berühmter Künstler. *Er/dieser* hatte auch das Labyrinth erbaut.

Bei vielen Pronominalformen genügt es nicht, wenn man nur den jeweiligen Satz im Auge hat. Oft beziehen sich Pronomina auf ein Nomen oder auf Abschnitte des vorangehenden Textes. Bei jeder Form eines Pronomens ist daher genau zu überprüfen, für welche Person oder Sache es steht („Pro-form"). Manchmal ist es auch sinnvoll, für das Pronomen das Bezugswort einzusetzen, damit der Leser genau weiß, wer oder was gemeint ist.

67 Pronominaladjektive

Den folgenden Pronomina und Adjektiven ist gemeinsam, dass sie – wie die meisten Pronomina – den Gen. Sg. auf -ius und den Dat. Sg. auf -i bilden; die anderen Formen entsprechen denen der Adjektive der a- und o-Deklination (▶ *69*).

uter, utra, utrum	welcher von beiden?
neuter, neutra, neutrum	keiner von beiden
uterque, utraque, utrumque	jeder von beiden; beide
alter, altera, alterum	der eine, der andere (von zweien)
nullus, a, um	kein
ullus, a, um	irgendein
unus, a, um	ein, einzig
solus, a, um	allein
totus, a, um	ganz

Merke besonders:

alius ein anderer

Nom.	alius	alia	aliu**d**
Gen.	al**ter**īus	al**ter**īus	al**ter**īus
Dat.	aliī	aliī	aliī
Akk.	alium	aliam	aliu**d**
Abl.	aliō	aliā	aliō

nemo niemand; nihil nichts

Nom.	nēmō	nihil (nil)
Gen.	nūllīus	nūllīus reī
Dat.	nēminī	nūllī reī
Akk.	nēminem	nihil (nil)
Abl.	ā nūllō	nūllā rē

68 Korrelativa

Hannibali non erant *tot* milites *quot* Romanis.
Hannibal hatte nicht *so viele* Soldaten *wie* die Römer.

Korrelativa sind Pronomina, Adjektive oder Adverbien, die aufeinander bezogen sind und dazu dienen, einen Vergleich durchzuführen, z. B.:

talis, e … qualis, e	so beschaffen … wie (beschaffen)
tantus, a, um … quantus, a, um	so groß … wie (groß)
tantum … quantum	so viel … wie (viel)
tot … quot	so viele … wie (viele)
tam … quam	so … wie
ita … ut	so … wie

1. Bedeutung

Adjektive bezeichnen Eigenschaften von konkreten Gegenständen, Personen oder abstrakten Begriffen:

- das *schnelle* Auto, der *geschickte* Handwerker, die *erstaunliche* Tüchtigkeit

2. Formen der Adjektive

Je nach Kasus, Numerus und Geschlecht des entsprechenden Substantivs haben Adjektive im Deutschen verschiedene Endungen:

- Der Handwerker ist *geschickt*. Ein *geschickter* Handwerker wird gut bezahlt. Die Hilfe des *geschickten* Handwerkers wird geschätzt.

Ähnlich ist es im Lateinischen. Dort werden allerdings die Adjektive aus verschiedenen Deklinationsklassen auch verschieden dekliniert:

a/o-Deklination	bonus, bona, bonum	gut
3. Deklination	celer, celeris, celere	schnell

3. Verwendung

Als **Attribut:**
- Ein *schnelles* Auto fährt vorüber.

Als **Prädikatsnomen:**
- Der Handwerker ist *zuverlässig*.

als **Prädikativum:**
- Claudia kam *fröhlich* aus der Schule.

substantiviert:
- Die *Tüchtigen* werden oft bevorzugt.

4. Steigerung

Ebenso wie im Deutschen können auch lateinische Adjektive gesteigert werden. Wir unterscheiden:

Regelmäßige Steigerung	schnell, schneller, der schnellste
Unregelmäßige Steigerung	gut, besser, der beste

Im zweiten Fall werden in beiden Sprachen verschiedene Wortstämme verwendet.

69 Adjektive der a- und o-Deklination

Beispiel:
longus, a, um lang

	Singular *m*	*f*	*n*	Plural *m*	*f*	*n*
Nom.	long-**us**	long-**a**	long-**um**	long-**ī**	long-**ae**	long-**a**
Gen.	long-**ī**	long-**ae**	long-**ī**	long-**ōrum**	long-**ārum**	long-**ōrum**
Dat.	long-**ō**	long-**ae**	long-**ō**	long-**īs**	long-**īs**	long-**īs**
Akk.	long-**um**	long-**am**	long-**um**	long-**ōs**	long-**ās**	long-**a**
Vok.	long-**e**	long-**a**	---	long-**ī**	long-**ae**	---
Abl.	long-**ō**	long-**ā**	long-**ō**	long-**īs**	long-**īs**	long-**īs**

Die Adjektive (Eigenschaftswörter) auf -us, a, um werden dekliniert wie die Substantive der a- und o-Deklination.

Beispiel:
pulcher, pulchra, pulchrum schön

Für die Adjektive auf -(e)r gilt das gleiche wie für die Substantive auf -(e)r (▶ S. 19).

70 Adjektive der 3. Deklination

Dreiendige Adjektive

Beispiel:
acer (*m*) **acris** (*f*) **acre** (*n*) scharf

	Singular *m*	*f*	*n*	Plural *m*	*f*	*n*
Nom.	ăcer	ăcr-**is**	ăcr-**e**	ăcr-**ēs**	ăcr-**ēs**	ăcr-**ia**
Gen.		ăcr-**is**			ăcr-**ium**	
Dat.		ăcr-**ī**			ăcr-**ibus**	
Akk.	ăcr-**em**	ăcr-**em**	ăcr-**e**	ăcr-**ēs**	ăcr-**ēs**	ăcr-**ia**
Abl.		ăcr-**ī**			ăcr-**ibus**	

Im Nominativ Singular gibt es für jedes Genus eine eigene Form.

Die Endungen **-i** (Abl. Sg.), **-ia** (Nom./Akk. *n* Pl.) und **-ium** (Gen. Pl.) unterscheiden sich von den meisten Substantivformen der 3. Deklination.

Zweiendige Adjektive

Beispiel:
tristis (*m*) **tristis** (*f*) **triste** (*n*) traurig

	Singular *m/f*		*n*	Plural *m/f*		*n*
Nom.	trīst-**is**		trīst-**e**	trīst-**ēs**		trīst-**ia**
Gen.		trīst-**is**			trīst-**ium**	
Dat.		trīst-**ī**			trīst-**ibus**	
Akk.	trīst-**em**		trīst-**e**	trīst-**ēs**		trīst-**ia**
Abl.		trīst-**ī**			trīst-**ibus**	

Bei den zweiendigen Adjektiven der 3. Deklination gibt es nur im Nom. und Akk. verschiedene Formen für die Genera.

Einendige Adjektive

Beispiel:
felix (*m*) **felix** (*f*) **felix** (*n*) glücklich

	Singular *m/f*		*n*	Plural *m/f*		*n*
Nom.		fēlīx		fēlīc-**ēs**		fēlīc-**ia**
Gen.		fēlīc-**is**			fēlīc-**ium**	
Dat.		fēlīc-**ī**			fēlīc-**ibus**	
Akk.	fēlīc-**em**		fēlīx	fēlīc-**ēs**		fēlīc-**ia**
Abl.		fēlīc-**ī**			fēlīc-**ibus**	

Diese Adjektive haben im Nom. Sg. nur eine Form für alle drei Genera.
Der Akk. Sg. *n* ist mit dem Nom. Sg. *n* identisch, z. B. felix.
Der Nom. und Akk. Pl. *n* enden auf -ia, z. B. felicia.

Da bei den einendigen Adjektiven der Wortstamm nicht an den Formen des Nom. Sg. zu erkennen ist, muss man den Gen. Sg. mitlernen, z. B. feli**x**, feli**c**is bzw. vehem**ens**, vehem**ent**is.

▶ **Adverbien** *155f.*

Wie bei den Substantiven kommen auch bei den Adjektiven bestimmte Endungen in allen Deklinationen vor, z. B. **-i** und **-is**. In all diesen Fällen musst du die Deklinationsklasse des Adjektivs kennen, um die Form bestimmen zu können.

Pulchr**i** kann z. B. Gen. Sg. *m*, Gen. Sg. *n* oder Nom. Pl. *m* sein, acr**i** dagegen Dat. oder Abl. Sg. aller drei Genera.

Verwendung der Adjektive

71 KNG-Kongruenz

In Italia monument*a* antiqu*a* videmus.
In Italien sehen wir alte Denkmäler.

Etiam magn*os* mont*es* videmus.
Wir sehen auch große Berge.

Das Adjektiv richtet sich im Kasus, Numerus und Genus nach dem Nomen, zu dem es gehört (**KNG-Kongruenz**).
Die Endungen sind gleich, wenn Substantiv und Adjektiv der gleichen Deklinationsklasse angehören (z. B. monument**a** antiqu**a**), andernfalls unterscheiden sie sich (z. B. magn**os** mont**es**).
Die Adjektive stehen meist hinter dem Substantiv, zu dem sie gehören; wenn sie eine Menge, ein Maß oder eine Zahl bezeichnen (z. B. magnus), stehen sie häufig davor.

72 Adjektiv als Attribut

Die Adjektive werden meist als Attribute verwendet. Sie sind keine notwendigen Bestandteile des Satzes. Ein **Adjektivattribut** kann zum Subjekt, Objekt oder Adverbiale treten.

Subjekt/Prädikat
videmus
|
Objekt
monumenta
⋮
Attribut
antiqua

73 Adjektiv als Prädikatsnomen

Servus probus est.
Der Sklave ist ordentlich.

Ein Adjektiv kann ebenso wie ein Substantiv als Prädikatsnomen zum Hilfsverb *esse* treten. Es gilt die KNG-Kongruenz mit dem Bezugswort.

Servi et servae probi sunt.
Die Sklaven und Sklavinnen sind ordentlich.

Bezieht sich ein Adjektiv auf mehrere Wörter, die maskulin und feminin sind, so steht das Adjektiv im Maskulin Plural.

▶ *3* Nominativ als Prädikatsnomen

Balbus servus probus est.
Balbus ist ein ordentlicher Sklave. oder:
Der Sklave Balbus ist ordentlich.

In diesem Satz kannst du servus sowohl als Attribut (zu Balbus) wie auch als Prädikatsnomen (zu est) auffassen, sodass sich zwei grammatikalisch richtige Übersetzungsmöglichkeiten ergeben.
Im Satzmodell ist der Unterschied zu erkennen:

Subjekt —— Prädikat
Balbus — est
⋮ — \
Attribut — probus
servus — (Präd. nom.)

oder:

Subjekt —— Prädikat
Balbus — est
\
servus
(Präd. nom.)
⋮
Attribut
probus

§ 74 Adjektiv als Prädikativum

Hannibal *tristis* navem ascendit.
Hannibal bestieg *traurig* das Schiff.

Hannibal *primus* navem ascendit.
Hannibal bestieg *als Erster (zuerst)* das Schiff.

Bestimmte **Adjektive** können im Nominativ zur Ergänzung eines Vollverbs prädikativ gebraucht werden; ein so verwendetes Adjektiv heißt **Prädikativum**.

Adjektivische Prädikativa bezeichnen oft einen körperlichen oder seelischen Zustand, eine Reihenfolge oder Menge.
Meist ist eine wörtliche Wiedergabe im Deutschen möglich; bisweilen muss 'als' eingefügt oder mit Adverb übersetzt werden.

▶ *4* Nominativ als Prädikativum

Häufig treten in dieser Verwendung folgende Adjektive auf:

laetus	freudig, fröhlich
tristis	traurig
invitus	unfreiwillig, ungern
ignarus	unwissend, ohne Wissen
vivus	lebend, zu Lebzeiten
frequens	häufig, zahlreich
praesens	in Gegenwart
absens	in Abwesenheit
princeps, primus	als Erster, zuerst
ultimus, postremus	als Letzter, zuletzt
unus, solus	als Einziger, allein

75 Adjektive: Steigerung

a) longus, a, um	longior, ius	longissimus, a, um
lang	länger	der, die, das längste
long	*longer*	*longest*

Neben der Grundstufe der Adjektive (dem **Positiv**) gibt es im Lateinischen wie im Deutschen und Englischen
- den **Komparativ** (die Steigerungs-/Vergleichsstufe),
- den **Superlativ** (die Höchststufe).

Zur Bildung dieser Formen wird
- im Komparativ **-ior** (*m/f*), **-ius** (*n*),
- im Superlativ **-issimus, a, um** an den Wortstamm angefügt.

Ausnahmen:
- Bei den Adjektiven auf -er wird der Superlativ mit **-rimus, a, um** gebildet, z. B. miser, miserrimus.
- Einige Adjektive auf -lis bilden den Superlativ auf **-limus, a, um,** z. B. facilis, facillimus.

b) Der Komparativ wird dekliniert wie die Substantive der 3. Deklination:

	Singular *m/f*		*n*	Plural *m/f*		*n*
Nom.	longior		longius	longiōr**ēs**		longiōr**a**
Gen.		longiōr**is**			longiōr**um**	
Dat.		longiōr**ī**			longiōr**ibus**	
Akk.	longiōr**em**		longius	longiōr**ēs**		longiōr**a**
Abl.		longiōr**e**			longiōr**ibus**	

c) Die Superlative bilden die Flexionsformen wie die Adjektive der a- und o-Deklination.

d) Einige häufig gebrauchte Adjektive haben unregelmäßige Steigerungsformen, z. B.:

magnus	maior	maximus	bonus	melior	optimus
groß	größer	der größte	gut	besser	der beste
parvus	minor	minimus	malus	peior	pessimus
klein	kleiner	der kleinste	schlecht	schlechter	der schlechteste
multi	plures	plurimi	multum	plus	plurimum
viele	mehr	die meisten	viel	mehr	am meisten

e) Es gibt auch Steigerungsformen die von Präpositionen abgeleitet sind, z. B.:

extra außerhalb	exterior der äußere	extremus der äußerste	supra oberhalb	superior der höhere	summus der höchste
infra unterhalb	inferior der niedrigere	infimus der niedrigste	ultra jenseits	ulterior weiter entfernt	ultimus der letzte
prope in der Nähe	propior der nähere	proximus der nächste			

f) Einige Adjektive bilden Steigerungsformen durch die Umschreibung mit magis (mehr) und maxime (am meisten) (vgl. engl. *more/most*), z. B.:

necessarius, a, um
magis necessarius, a, um
maxime necessarius, a, um

▶ *157* Steigerung der Adverbien

76 Verwendung der Steigerungsformen

Iter *longius* est.
Der Weg ist *zu* weit/*ziemlich* weit.

Wird ein Komparativ gebraucht, ohne dass ein Vergleich durchgeführt wird, so übersetzt man je nach Sinnzusammenhang mit '(all-)zu' oder 'ziemlich'.

Orator *clarissimus* est.
Der Redner ist *sehr* berühmt.

Ein Superlativ drückt manchmal nicht den höchsten Grad, sondern nur eine Hervorhebung aus („Elativ").

Quam maximus numerus amicorum.
Eine *möglichst große* Zahl von Freunden.

Beim Superlativ bedeutet quam 'möglichst'.

77 Vergleich mit quam/ Ablativ des Vergleichs

Nihil dulcius est *quam* libertas.
Nihil dulcius est *libertate*.
Nichts ist schöner *als* die Freiheit.

Wird der Komparativ in einem Vergleich verwendet, so wird die Person oder Sache, mit der verglichen wird, mit quam ('als') angeschlossen.
Anstelle der Konstruktion mit quam kommt auch der Ablativ des Vergleichs (Ablativus comparationis) vor.

▶ *34* Ablativ des Vergleichs

1. Einteilung

(a) Die **Grundzahlen** geben eine Menge an:
- Heute hatte ich *fünf* Gäste.

(b) Die **Ordnungszahlen** bezeichnen eine bestimmte Stelle in einer Reihe:
- Der *fünfte* Gast kam ziemlich spät.

2. Formenbildung

Wie im Deutschen werden die meisten Zahlen auch im Lateinischen nicht dekliniert. Ausnahmen sind vor allem 'eins, zwei, drei':

- Die Ankunft *zweier* Freunde verzögerte sich.
- Das Geschenk *eines* der Freunde machte mir viel Spaß.

3. Jahreszahlen

Während wir im Deutschen sagen: im Jahre 2001, sagten die Lateiner: im 2001. Jahr.

78 Grundzahlen

1 = I	ūnus, a, um		
2 = II	duo, duae, duo		
3 = III	trēs, tria	30 = XXX	trīgintā
4 = IV	quattuor	40 = XL	quadrāgintā
5 = V	quīnque	50 = L	quīnquāgintā
6 = VI	sex	60 = LX	sexāgintā
7 = VII	septem	70 = LXX	septuāgintā
8 = VIII	octō	80 = LXXX	octōgintā
9 = IX	novem	90 = XC	nōnāgintā
10 = X	decem	100 = C	centum
11 = XI	ūndecim	200 = CC	ducentī, ae, a
12 = XII	duódecim	300 = CCC	trecentī, ae, a
13 = XIII	trēdecim	400 = CCCC	quadringentī, ae, a
14 = XIV	quattuordecim	500 = D	quīngentī, ae, a
15 = XV	quīndecim	600 = DC	sescentī, ae, a
16 = XVI	sēdecim	700 = DCC	septingentī, ae, a
17 = XVII	septendecim	800 = DCCC	octingentī, ae, a
18 = XVIII	duodēvīgintī	900 = CM	nōngentī, ae, a
19 = XIX	ūndēvīgintī	1000 = M	mīlle
20 = XX	vīgintī	2000 = MM	duo mīlia

Deklination von unus, duo und tres:

	m	*f*	*n*	*m*	*f*	*n*	*m*	*f*	*n*
Nom.	ūnus	ūna	ūnum	duo	duae	duo	trēs	trēs	tria
Gen.		ūnīus		duōrum	duārum	duōrum		trium	
Dat.		ūnī		duōbus	duābus	duōbus		tribus	
Akk.	ūnum	ūnam	ūnum	duo(s)	duās	duo	trēs	trēs	tria
Abl.	ūnō	ūnā	ūnō	duōbus	duābus	duōbus		tribus	

Deklination von mīlia:

Nom.	mīlia
Gen.	mīlium
Dat.	mīlibus
Akk.	mīlia
Abl.	mīlibus

mille homines — 1 000 Menschen
duo milia hominum — 2 000 Menschen

79 Ordnungszahlen

prīmus	der erste		
secundus	der zweite	vīcēsimus	der 20.
tertius	der dritte	trīcēsimus	der 30.
quārtus	der vierte	quadrāgēsimus	der 40.
quīntus	der fünfte	quinquagēsimus	der 50.
sextus	der sechste	sexāgēsimus	der 60.
sēptimus	der siebte	septuāgēsimus	der 70.
octāvus	der achte	octōgēsimus	der 80.
nōnus	der neunte	nōnāgēsimus	der 90.
dēcimus	der zehnte	centēsimus	der 100.
ūndecimus	der elfte	ducentēsimus	der 200.
duodecimus	der zwölfte	trecentēsimus	der 300.
tertius decimus	der dreizehnte	quadringentēsimus	der 400.
quārtus decimus	der vierzehnte	quīngentesimus	der 500.
quīntus decimus	der fünfzehnte	sescentēsimus	der 600.
sextus decimus	der sechzehnte	septingentēsimus	der 700.
septimus decimus	der siebzehnte	octingentēsimus	der 800.
duodēvicēsimus	der achtzehnte	nōngentēsimus	der 900.
ūndēvicēsimus	der neunzehnte	mīllēsimus	der 1000.

Die Ordnungszahlen werden dekliniert wie die Adjektive der a-/o-Deklination.

anno post Christum natum (p. Chr. n.) septingentesimo   im Jahre 700 n. Chr.

Anders als im Deutschen stehen die Ordnungszahlen im Lateinischen zur Angabe von Jahreszahlen.

1. Bedeutung

Verben bezeichnen eine Tätigkeit („Tätigkeitswort") oder ein Geschehen. Sie lassen sich zeitlich einordnen („Zeitwort").

– Während ich ein Buch *las*, *verging* die Zeit.

Das Verbum „lesen" kann eine Ergänzung (ein Akkusativobjekt) zu sich nehmen, es heißt dann „transitiv". Das Verbum „vergehen" kann dies nicht, daher heißt es „intransitiv".

2. Die Formen des Verbums

Bei lateinischen Verben können wir wie im Deutschen zwei Handlungsarten unterscheiden: das Aktiv (die sog. Tatform) und das Passiv (die sog. Leideform).

– Während ich das Buch *las*, *wurde ich* zweimal *gestört*.

Während im Deutschen der Konjunktiv eher rückläufig ist, finden sich im Lateinischen für die Gegenwart (das Präsens) und für alle Vergangenheitstempora Konjunktivformen, die häufig verwendet werden.

– Wenn doch kein Besuch *käme*, damit ich das Buch fertig lesen *könnte*!

3. Die infiniten Formen des Verbums

Wie im Deutschen gibt es im Lateinischen Verbformen, die keine Person und keinen Modus (Indikativ oder Konjunktiv) angeben, also unbestimmt („infinit") sind. Sie gleichen eher einem Nomen und werden daher auch Nominalformen genannt.

– Lautes *Reden* störte mich *beim Lesen*.

Die Nominalformen des Verbums spielen in der lateinischen Syntax eine wichtige Rolle.

VERBEN (Übersicht)

a) Merkmale und Verwendung

Lateinische und deutsche Verben (Zeitwörter) kommen, wie bereits gezeigt, in finiten (bestimmten) und infiniten (unbestimmten) Formen vor.

Die **finiten Verbformen** können **konjugiert** (gebeugt) werden, z. B. ich rufe, du rufst, er (sie, es) ruft usw.

Sie werden als Prädikate (Satzaussagen) verwendet.

Die **infiniten Verbformen** werden wie Nomina verwendet, z. B. ein Buch *lesen* (Infinitiv), das *rufende* Kind (Partizip).

b) Konjugationsklassen

Wir unterscheiden im Lateinischen vier verschiedene **Konjugationsklassen**, d. h. verschiedene Arten, die Verben zu **konjugieren** (zu beugen).
Sie sind nach den Lauten benannt, auf die der **Wortstamm** endet:

Infinitiv	Wortstamm	Konjugationsklasse
vocāre	voc**a**-	ā-Konjugation
monēre	mon**e**-	ē-Konjugation
audīre	aud**i**-	ī-Konjugation
agĕre	**ag**-	konsonantische Konjugation

Bei einer Reihe von Verben, die zur konsonantischen Konjugation gezählt werden, endet der Wortstamm auf ein kurzes i. Die Formen gleichen daher teilweise denen der ī-Konjugation.
Beispiel: capĕre, capi-

c) Deponentien

In allen Konjugationsklassen gibt es Verben mit aktiver Bedeutung, aber passiven Endungen. Sie haben scheinbar ihre aktiven Endungen „abgelegt" (deponere!); daher nennt man sie Deponentien (▶ *119*), z. B.:

morari	zögern, (sich) aufhalten	uti	gebrauchen, benutzen
verēri	sich scheuen, fürchten, verehren	potiri	in seine Gewalt bringen

Die ursprüngliche Bedeutung solcher Verben lag in der Mitte (Medium!) zwischen Aktiv und Passiv:

moveo ich bewege (Aktiv) moveor ich bewege mich (Medium) moveor ich werde bewegt (Passiv)

d) Personalformen

Die lateinischen **finiten Verbformen (Personalformen)** werden nach den folgenden Merkmalen bestimmt:

Person	z. B.	voc-**o** voca-**s**	ich rufe du rufst	(1. Person) (2. Person)
Numerus (Zahl)	z. B.	voca-**t** voca-**nt**	er ruft sie rufen	(Singular) (Plural)
Tempus (Zeit)	z. B.	voca-t voca-**ba**-t	er ruft er rief	(Präsens) (Imperfekt)
Modus (Aussageweise)	z. B.	voca-t voc-**e**-t	er ruft er rufe (möge rufen)	(Indikativ) (Konjunktiv)
Genus verbi (Handlungsart)	z. B.	voca-t voca-**tur**	er ruft er wird gerufen	(Aktiv) (Passiv)

▶ *80-129*

e) Nominalformen

Wir unterscheiden im Lateinischen fünf **infinite Verbformen (Nominalformen)**:

Infinitiv (Grundform)	z. B.	voca-**re**	rufen
Partizip (Mittelwort)	z. B.	voca-**ns**	rufend
Gerundium (deklinierter Infinitiv)	z. B.	ars lege-**nd**-i	die Kunst zu lesen (des Lesens)
Gerundivum (ein Verbaladjektiv)	z. B.	liber lege-**nd**-us	ein lesenswertes (zu lesendes) Buch
Supin (ein Verbalsubstantiv)	z. B.	salutat-**um** venire	zur Begrüßung kommen

Gerundium, Gerundivum und Supin treten im Deutschen nicht auf.

▶ *130-154*

Indikativ Aktiv

Man unterscheidet im Lateinischen drei Modi:

- **Indikativ** (sog. Wirklichkeitsform; z. B. er geht ▶ 80-99)
- **Konjunktiv** (sog. Möglichkeitsform; z. B. er ginge ▶ 100-115)
- **Imperativ** (Befehlsform; z. B. geh! ▶ 116-118)

80 Präsens

	Sg.		Pl.		
1. Pers.	voc-**ō**	ich rufe	vocā-**mus**	wir rufen	ā-Konjugation
2. Pers.	vocā-**s**	du rufst	vocā-**tis**	ihr ruft	
3. Pers.	voca-**t**	er (sie, es) ruft	voca-**nt**	sie rufen	
	(voco aus voca-o)				
1. Pers.	mone-**ō**	ich mahne	monē-**mus**	wir mahnen	ē-Konjugation
2. Pers.	monē-**s**	du mahnst	monē-**tis**	ihr mahnt	
3. Pers.	mone-**t**	er (sie, es) mahnt	mone-**nt**	sie mahnen	
1. Pers.	audi-**ō**	ich höre	audī-**mus**	wir hören	ī-Konjugation
2. Pers.	audī-**s**	du hörst	audī-**tis**	ihr hört	
3. Pers.	audi-**t**	er (sie, es) hört	audi-**u-nt**	sie hören	
	In der 3. Pers. Pl. wird der Bindevokal -u- eingefügt.				
1. Pers.	ag-**ō**	ich treibe	ag-i-**mus**	wir treiben	kons. Konjugation
2. Pers.	ag-i-**s**	du treibst	ag-i-**tis**	ihr treibt	
3. Pers.	ag-i-**t**	er (sie, es) treibt	ag-**u-nt**	sie treiben	
1. Pers.	capi-**ō**	ich fange	capi-**mus**	wir fangen	kons. Konjugation (i-Erweiterung)
2. Pers.	capi-**s**	du fängst	capi-**tis**	ihr fangt	
3. Pers.	capi-**t**	er (sie, es) fängt	capi-**u-nt**	sie fangen	
	Das -i- bzw. -u- wird als zusätzlicher Bindevokal eingefügt.				

81 Verwendung des Präsens

Nox erat; subito magno clamore *terreor.*
Es war Nacht; plötzlich *werde/wurde* ich durch lautes Geschrei erschreckt.

Das **Präsens** bezeichnet meist gegenwärtige Handlungen oder allgemeingültige Feststellungen. In Erzählungen und Schilderungen wird das Präsens – wie im Deutschen oder Englischen – auch dazu verwendet, ein Geschehen der Vergangenheit (z. B. auf dem Höhepunkt der Handlung) anschaulicher und spannender zu gestalten. Man nennt diese Verwendungsweise **historisches** (oder dramatisches) **Präsens.**

82 Imperfekt (1. Vergangenheit)

	Sg.	Pl.	
1. Pers.	vocā-**ba-m**	vocā-**bā-mus**	ā-Konjugation
2. Pers.	vocā-**bā-s**	vocā-**bā-tis**	
3. Pers.	vocā-**ba-t**	vocā-**ba-nt**	
1. Pers.	monē-**ba**-m	usw.	ē-Konjugation
1. Pers.	audi-**ēba**-m	usw.	ī-Konjugation
1. Pers.	ag-**ēba**-m capi-**ēba**-m	usw.	kons. Konjugation

Mit Ausnahme der 1. Pers. Sg., die auf **-m** endet (vgl. sum), sind alle Personalendungen gegenüber dem Präsens unverändert.

Tempuszeichen für das **Imperfekt** ist **-ba-** bzw. **-eba-** .

83 Verwendung des Imperfekts

Wie im Deutschen und Englischen treten auch im Lateinischen drei verschiedene **Tempora** (Zeiten) für Handlungen oder Vorgänge in der Vergangenheit auf. Sie heißen

lateinisch	deutsch	englisch
Imperfekt	Präteritum/ Imperfekt	*Past (Tense)*
Perfekt	Perfekt	*Present Perfect*
Plusquam-perfekt	Plusquam-perfekt	*Past Perfect*

Diese Vergangenheitstempora werden in den drei Sprachen zum Teil unterschiedlich verwendet.

Coloni agros latos non possidebant.
Die Pächter besaßen keine großen Äcker.

Populus Romanus saepe bella gerebat.
Das römische Volk führte häufig Kriege.

Das lateinische Imperfekt bezeichnet vor allem

- Zustände oder Vorgänge, die die Haupthandlung begleiten oder erläutern (▶ 87);
- wiederholte Handlungen oder Ereignisse in der Vergangenheit.

Nonnulli agricolae onera belli vitabant.
Manche Bauern versuchten die Lasten des Krieges zu (ver)meiden.

Bisweilen bezeichnet das Imperfekt auch Handlungen, die nicht zum Abschluss kamen bzw. ein Versuch blieben.

84 Futur I

	Sg.	Pl.	
1. Pers.	vocā-**b-ō**	vocā-**bi-mus**	ā-Konjugation
2. Pers.	vocā-**bi-s**	vocā-**bi-tis**	
3. Pers.	vocā-**bi-t**	vocā-**bu-nt**	
1. Pers.	monē-**b**-ō	usw.	ē-Konjugation

Das Tempuszeichen für das Futur I der ā- und ē-Konjugation ist **-b-** bzw. **-bi-** oder **-bu-** .

1. Pers.	audi-**a-m**	audi-**ē-mus**	ī-Konjugation
2. Pers.	audi-**ē-s**	audi-**ē-tis**	
3. Pers.	audi-**e-t**	audi-**e-nt**	
1. Pers.	ag-**a**-m		kons. Konjugation
2. Pers.	ag-**ē**-s	usw.	
1. Pers.	capi-**a**-m		
2. Pers.	capi-**ē**-s	usw.	

Das Tempuszeichen für das Futur I der ī-und der konsonantischen Konjugation ist **-e-** .
Eine Ausnahme bildet die 1. Pers. Sg., die auf **-a-m** endet.

audi-e-t er wird hören mone-t er mahnt

Anders als beim Imperfekt werden die Formen des Futurs nicht in allen Konjugationen auf die gleiche Art gebildet.
Während du das Futur der ā- und ē-Konjugation leicht und eindeutig am Tempuszeichen -b- erkennen kannst, kommt das -e- nicht nur als Tempuszeichen der ī- und der kons. Konjugation vor; in der e-Konjugation gehört es zum Wortstamm.

85 Verwendung des Futur I

Das Futur hat im Lateinischen die gleiche Funktion wie im Deutschen oder Englischen. Es bezeichnet ein Geschehen, das aus der Sicht des Sprechers in der Zukunft eintreten oder fortdauern wird.

Cras patrem videbo.
Morgen werde ich meinen Vater sehen.
(Morgen sehe ich meinen Vater.)
Tomorrow I'll see my father.

Während das Futur im Lateinischen zur Bezeichnung künftiger Handlungen (oder Zustände) immer verwendet wird, kann im Deutschen im Zusammenhang mit entsprechenden Zeitangaben (z. B. morgen) auch das Präsens auftreten.

86 Perfekt
(2. Vergangenheit)

	Sg.	Pl.	
1. Pers.	vocā-**v-ī**	vocā-**v-imus**	ā-Konjugation
2. Pers.	vocā-**v-istī**	vocā-**v-istis**	
3. Pers.	vocā-**v-it**	vocā-**v-ērunt**	

Beim **Perfekt** werden die Endungen, die für alle Konjugationsklassen gleich sind, an den **Perfektstamm** angefügt.

Perfektbildung

Der Perfektstamm wird auf verschiedene Weise gebildet:

a) u-Perfekt (meistens bei den Verben der ē-Konjugation)

Infinitiv Präsens	Präsensstamm	Perfektstamm	1. Pers. Sg. Perf.
monēre	monē-	mon**u**-	monu-ī

b) v-Perfekt (meistens bei den Verben der ā- und ī-Konjugation)

Infinitiv Präsens	Präsensstamm	Perfektstamm	1. Pers. Sg. Perf.
vocāre	vocā-	vocā**v**-	vocāv-ī
audīre	audī-	audī**v**-	audīv-ī

c) s-Perfekt

Infinitiv Präsens	Präsensstamm	Perfektstamm	1. Pers. Sg. Perf.
manēre	manē-	mān**s**-	māns-ī
tegere	teg-	te**x**- (aus: teg-s-)	tex-ī

d) Perfekt ohne Stammveränderung

Infinitiv Präsens	Präsensstamm	Perfektstamm	1. Pers. Sg. Perf.
ascendere	ascend-	ascend-	ascendī
comprehendere	comprehend-	comprehend-	comprehendī

Bei einigen Verben bleibt der Perfektstamm gegenüber dem Präsensstamm unverändert.

e) Reduplikationsperfekt

Infinitiv Präsens	Präsensstamm	Perfektstamm	1. Pers. Sg. Perf.
tangere	tang-	**te**tig-	**te**tigī
currere	curr-	**cu**curr-	**cu**currī
cadere	cad-	**ce**cid-	**ce**cidī
incidere (aus: in-cadere)	incid-	incid-	incidī

Beim Reduplikationsperfekt wird der Wortanfang „verdoppelt" (dupliziert), indem der anlautende Konsonant (z. B. **t** bei tangere) mit einem Bindevokal (z. B. **te-**) davorgesetzt wird. Bei den Komposita (zusammengesetzten Verben) fehlt die Reduplikationssilbe im Perfekt (z. B. incidere – incidi).

f) Dehnungsperfekt

Infinitiv Präsens	Präsensstamm	Perfektstamm	1. Pers. Sg. Perf.
adiuvāre	adiuva-	adi**ū**v-	adi**ū**vī
vidēre	vidē-	v**ī**d-	v**ī**dī
venīre	venī-	v**ē**n-	v**ē**nī
facĕre	faci-	f**ē**c-	f**ē**cī

Beim Dehnungsperfekt wird der Stammvokal in der Aussprache gedehnt und zusätzlich manchmal verändert.

venit er kommt/er kam   ascendit er besteigt/er bestieg

Bei einigen Verbformen ist das Tempus nicht eindeutig zu erkennen. Ob Präsens oder Perfekt vorliegt, kannst du im Einzelfall nur dem Kontext, oft auch den „benachbarten" Verbformen entnehmen.

Vorsicht bei den Perfektstämmen cecid- und occid-!
Cecid- kann zu cadere oder caedere, occid- zu occīdere oder occĭdere gehören.

§ 87 Verwendung des Perfekts

Servi in agris laborabant; tum vilicus *accessit* servosque in villam *revocavit.*
Die Sklaven arbeiteten auf den Feldern; da *kam* der Verwalter *herbei* und *rief* die Sklaven ins Haus *zurück*.

Das Perfekt ist im Lateinischen vor allem das Tempus für die Darstellung einmaliger Vorgänge, die zum Abschluss gelangt sind, d. h. es ist das Tempus, in dem die wesentlichen Ereignisse, die Etappen der Haupthandlung erzählt werden. Es wird im Deutschen meistens mit dem Präteritum/Imperfekt wiedergegeben.

Das Imperfekt dagegen beschreibt im Beispielsatz den Hintergrund für den Hauptvorgang (▶ 83).

88 Plusquamperfekt (3. Vergangenheit)

	Sg.	
1. Pers.	vocā-**v-era-m**	ich hatte gerufen
	mon-**u-era-m**	ich hatte ermahnt
	mān-**s-era-m**	ich war geblieben
	ascend-**era-m**	ich war hinaufgestiegen
	tetig-**era-m**	ich hatte berührt
	vēn-**era-m**	ich war gekommen

Die Formen des Plusquamperfekts bestehen bei allen Verben aus dem Perfektstamm, dem Kennzeichen **-era-** und den Imperfektendungen.

89 Verwendung des Plusquamperfekts

Hercules nonnullas bestias feras *necaverat.*
Itaque homines gaudebant.
Herkules *hatte* einige Untiere *getötet.*
Deshalb freuten sich die Menschen.

Homines gaudebant, quia Hercules nonnullas bestias feras *necaverat.*
Die Menschen freuten sich, weil Herkules einige Untiere *getötet hatte.*

Das **Plusquamperfekt** wird im Lateinischen ebenso verwendet wie das Plusquamperfekt im Deutschen und das Past Perfect im Englischen: Es bezeichnet einen Vorgang der Vergangenheit, der zeitlich vor einem anderen – ebenfalls vergangenen – Vorgang liegt (**Vorvergangenheit**).

90 Futur II

	Sg.	Pl.
1. Pers.	vocā-**v-erō**	vocā-**v-erimus**
2. Pers.	vocā-**v-eris**	vocā-**v-eritis**
3. Pers.	vocā-**v-erit**	vocā-**v-erint**

Beim **Futur II** werden die Endungen an den **Perfektstamm** angefügt.

91 Verwendung des Futur II

Qui res admirabiles fecerit, honore afficietur.
Wer bewundernswerte Taten vollbringt/ vollbracht hat, wird geehrt werden.

Das Futur II bezeichnet einen Vorgang in der Zukunft, der vor einem anderen – ebenfalls künftigen – Geschehen abgeschlossen sein wird. Im Deutschen wird dieses Zeitverhältnis nicht genau beachtet, meist wird das Futur II durch Präsens oder Perfekt ersetzt.

Indikativ Passiv

a) Die Passivformen von **Präsens, Imperfekt** und **Futur** werden aus den gleichen Bauelementen wie die Aktivformen gebildet, nämlich
- aus dem Präsensstamm,
- dem Tempuszeichen (im Imperfekt und Futur) und
- der Personalendung.

Die Aktiv- und Passivformen unterscheiden sich nur durch die Personalendung.

92 Präsens

	Sg.		Pl.		
1. Pers.	voc-**or**	ich werde gerufen	vocā-**mur**	wir werden gerufen	ā-Konjug.
2. Pers.	vocā-**ris**		vocā-**minī**		
3. Pers.	vocā-**tur**		voca-**ntur**		
1. Pers.	mone-**or**	ich werde gemahnt	usw.		ē-Konjug.
1. Pers.	audi-or	ich werde gehört	audī-mur	wir werden gehört	ī-Konjug.
2. Pers.	audī-ris		audī-minī		
3. Pers.	audī-tur		audi-u-ntur		
1. Pers.	ag-or	ich werde getrieben	ág-i-mur	wir werden getrieben	kons. Konjug.
2. Pers.	ág-e-ris		ag-i-minī		
3. Pers.	ág-i-tur		ag-u-ntur		
1. Pers.	capi-or	ich werde ergriffen	cápi-mur	wir werden ergriffen	
2. Pers.	cápe-ris		capi-minī		
3. Pers.	cápi-tur		capi-u-ntur		

93 Imperfekt

1. Pers.	vocā-**ba-r**	ich wurde gerufen	usw.	ā-Konjug.
	monē-**ba-r**	ich wurde gemahnt	usw.	ē-Konjug.
	audi-**ēba-r**	ich wurde gehört	usw.	ī-Konjug.
	ag-**ēba-r**	ich wurde getrieben	usw.	kons.
	capi-**ēba-r**	ich wurde ergriffen	usw.	Konjug.

94 Futur I

	Sg.		Pl.		
1. Pers.	vocā-**b**-**or**	ich werde gerufen werden	vocā-**bi**-**mur**	wir werden gerufen werden	ā-Konjug.
2. Pers.	vocā-**be**-**ris**		vocā-**bi**-**minī**		
3. Pers.	vocā-**bi**-**tur**		vocā-**bu**-**ntur**		
1. Pers.	monē-**b**-or		usw.		ē-Konjug.
1. Pers.	audi-**a**-r	ich werde gehört werden	audi-**ē**-mur	wir werden gehört werden	ī-Konjug.
2. Pers.	audi-**ē**-ris		audi-**ē**-minī		
3. Pers.	audi-**ē**-tur		audi-**ē**-ntur		
1. Pers.	ag-**a**-r				kons. Konjug.
2. Pers.	ag-**ē**-ris		usw.		
1. Pers.	capi-**a**-r				
2. Pers.	capi-**ē**-ris		usw.		

b) Die Passivformen von **Perfekt, Plusquamperfekt** und **Futur II** bestehen aus dem prädikativen PPP und Formen des Hilfsverbs esse. Das Perfekt wird mit den Präsensformen, das Plusquamperfekt mit den Imperfektformen und das Futur II mit den Futurformen von esse gebildet.

95 Perfekt

	Sg.		Pl.	
1. Pers.	vocātus, a, um sum	ich bin gerufen worden	vocātī, ae, a	sumus
2. Pers.	vocātus, a, um es		vocātī, ae, a	estis
3. Pers.	vocātus, a, um est		vocātī, ae, a	sunt

96 Plusquamperfekt

1. Pers.	vocātus, a, um	eram	ich war gerufen worden	usw.

97 Futur II

1. Pers.	vocātus, a, um	erō, eris	usw.

§ 98 Verwendung des Passivs

Avis Prometheum vexat.
Der Vogel (Adler) quält Prometheus.

Prometheus ab ave vexatur.
Prometheus wird von dem Vogel gequält.

Neben den aktiven Verbformen, die angeben, was ein Subjekt tut, gibt es zu den transitiven Verben passive Formen, die angeben, dass jemand oder etwas eine Handlung „erleidet“ (Passiv – „Leideform“).
Das Passiv wird dann verwendet, wenn nicht der Urheber einer Handlung, sondern ein Vorgang oder Geschehen betont werden soll.

Als Oberbegriff für Aktiv und Passiv verwendet man die Bezeichnung **Genus verbi** (Handlungsart).

Hostis victus est.
Der Feind wurde besiegt.
Der Feind ist besiegt (worden).

Hostis victus erat.
Der Feind war besiegt (worden).

Das Perfekt wird im Deutschen meistens mit dem Präteritum/Imperfekt wiedergegeben. Gelegentlich können Perfekt und Plusquamperfekt Passiv einen Zustand oder ein Ergebnis bezeichnen.

Verben

Grammadux fasst zusammen: Verbformen

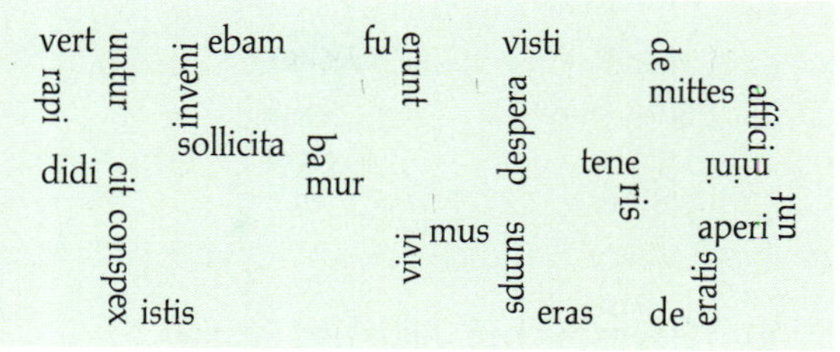

Gr. Da so viele Verbformen auf den ersten Blick verwirrend wie ein Labyrinth wirken, wollen wir versuchen, einen Überblick zu gewinnen. Das wichtigste Hilfsmittel, sozusagen der rote Faden, ohne den man im Labyrinth verlorengeht, sind die Tempuszeichen und Endungen. Denn sie liefern vier wesentliche Informationen:

- Person
- Numerus
- Tempus
- Genus verbi (Aktiv oder Passiv).

➤ Das klingt ja furchtbar!

Gr. Lass es dir an einem Beispiel zeigen: Das Tempuszeichen -ba- bezeichnet zusammen mit der Personalendung -ntur bei allen Verben die 3. Pers. Pl. Impf. Pass. Wenn also eine Verbform auf -bantur endet, so bedeutet das immer 'sie wurden ...'. Dann musst du nur noch den Infinitiv des Verbs und seine deutsche Bedeutung kennen, und schon ist alles klar. Ich zeige dir jetzt, dass das für alle Konjugationen gilt:

muta-
doce-
vincie- → -ba-ntur
verte-
conspicie-

sie wurden → verändert / unterrichtet / gefesselt / gedreht / erblickt

➤ Das ist wirklich nicht schlecht.

Gr. Wenn du diesen roten Faden nicht loslässt, findest du dich im Labyrinth der Verbformen immer zurecht.

➤ Mühsam ist es aber trotzdem!

Gr. Freilich, du musst einen lateinischen Text schon langsamer und konzentrierter lesen als einen englischen. Denn die Puzzle-Teile, aus denen die Formen bestehen, sind im Englischen meist mehrere einzelne Wörter, im Lateinischen werden sie aber zu einer kompakten Form zusammengefügt.

z.B. voca-ba-nt-ur

they were call-ed

Die lateinischen Wortbestandteile zeigen dir immer, wo du dich im Labyrinth befindest, du musst sie nur genau ansehen. Damit dir das leichter fällt, hier eine Zusammenstellung der Teile, die an den **Präsensstamm** angefügt werden:

Verben

a) Personalendungen

	Aktiv Sg.	Aktiv Pl.	Passiv Sg.	Passiv Pl.
1. Pers.	-o/-m	-mus	-or/-r	-mur
2. Pers.	-s	-tis	-ris	-mini
3. Pers.	-t	-nt	-tur	-ntur

b) Tempuszeichen (Aktiv und Passiv)

Präsens	Imperfekt	Futur	
---	-ba- (-eba-) alle Konjugationen	-b- (-be-, -bi-, -bu-) a- und e-Konjugation	-e- (-a-) ī- und kons. Konjugation

Das System funktioniert so gut, dass du sogar ohne weiteres Formen von Verben bilden kannst, die es gar nicht gibt. Stell' dir z. B. vor, es gäbe ein Verb mit dem Stamm oggel-, und bilde dazu verschiedene Formen.

➤ Das verstehe ich nicht ganz.

Gr. Ganz einfach. Du musst festlegen, zu welcher Konjugation das Verb gehören soll, d. h. ob es im Infinitiv auf -āre, -ēre, -īre oder -ĕre endet, und dann Endungen und gegebenenfalls Tempuszeichen hinzufügen. Oggelabant hieße dann 'sie oggelten', oggelamus 'wir oggeln', oggelatur 'er wird geoggelt' usw.

➤ Das klingt wirklich lustig.

Gr. Bevor du nun selbst mit oggel- oder einem anderen Phantasieverb das Formenbilden anfängst, noch kurz zu Perfekt und Plusquamperfekt.

Der **Perfektstamm** kann, wie du weißt, auf verschiedene Arten gebildet werden (v-Perfekt, u-Perfekt usw.). An diese Perfektstämme werden aber erfreulicherweise immer die gleichen Endungen angefügt:

	Perfekt Aktiv Sg.	Perfekt Aktiv Pl.	Plusquamperfekt Aktiv Sg.	Plusquamperfekt Aktiv Pl.
1. Pers.	-i	-imus	-eram	-eramus
2. Pers.	-isti	-istis	-eras	-eratis
3. Pers.	-it	-erunt	-erat	-erant

➤ Dann kann man also auch solche Formen mit Phantasieverben bilden?

Gr. Selbstverständlich. Du musst nur vorher die Art der Perfektbildung festlegen.

➤ Das probiere ich jetzt: oggelaverat 'er hatte geoggelt'. Richtig?

Gr. Genau! Wenn du dieses Spiel beherrschst, dann hast du nicht nur den roten Faden in der Hand, sondern kannst ihn sogar selbst herstellen.

99 Realis

Im Allgemeinen wird der Indikativ im Lateinischen ebenso wie im Deutschen gebraucht, um auszudrücken, dass ein Sachverhalt wirklich zutrifft.

Multa narrare possum, sed taceo.
Ich könnte viel erzählen, aber ich schweige.

Multa narrare potui, sed tacui.
Ich hätte viel erzählen können, aber ich schwieg.

Bei Ausdrücken des Könnens, Sollens und Müssens kann sich der Sprachgebrauch unterscheiden; gegebenenfalls entspricht dem lateinischen Indikativ im Deutschen ein irrealer Konjunktiv.

Solche Ausdrücke sind z. B.:

possum	ich könnte
potui	ich hätte ... können
debui	ich hätte ... müssen
oportuit	es hätte sich gehört
aequum est	es wäre gerecht/richtig
longum est	es würde zu weit führen
difficile est	es wäre zu schwierig

Paene cecidi.
Ich wäre fast (beinahe) gefallen.

Diese unterschiedliche Verwendung der Modi kommt auch dann vor, wenn festgestellt wird, dass etwas beinahe geschehen wäre.

Konjunktiv

100 Präsens

Aktiv	ā-Konjugation	ē-Konjugation	ī-Konjugation	kons. Konjugation	
1. Pers.	voc-**e**-m	mone-**a**-m	audi-**a**-m	ag-**a**-m	capi-**a**-m
2. Pers.	voc-**ē**-s	mone-**ā**-s	audi-**ā**-s	ag-**ā**-s	capi-**ā**-s
Sg.	usw.	usw.	usw.	usw.	usw.

Passiv

1. Pers.	voc-**e**-r	mone-**a**-r	audi-**a**-r	ag-**a**-r	capi-**a**-r
2. Pers.	voc-**ē**-ris	mone-**ā**-ris	audi-**ā**-ris	ag-**ā**-ris	capi-**ā**-ris
Sg.	usw.	usw.	usw.	usw.	usw.

Zeichen für den Konjunktiv Präsens ist **-a-** , bei der a-Konjugation jedoch **-e-**.

Eine allgemein gültige deutsche Übersetzung für die Formen des lateinischen Konjunktiv Präsens kann nicht angegeben werden. In Hauptsätzen kann er mit 'mögen' umschrieben werden (capias: du mögest ergreifen).

101 Imperfekt

vocā-**re**-m ich würde rufen
vocā-**re**-r ich würde gerufen werden

Aktiv	ā-Konjugation	ē-Konjugation	ī-Konjugation	kons. Konjugation	
1. Pers.	vocā-**re**-m	monē-**re**-m	audī-**re**-m	ag-e-**re**-m	cap-e-**re**-m
2. Pers.	vocā-**rē**-s	monē-**rē**-s	audī-**rē**-s	ag-e-**rē**-s	cap-e-**rē**-s
Sg.	usw.	usw.	usw.	usw.	usw.

Passiv

1. Pers.	vocā-**re**-r	monē-**re**-r	audī-**re**-r	ag-e-**re**-r	cap-e-**re**-r
2. Pers.	vocā-**rē**-ris	monē-**rē**-ris	audī-**rē**-ris	ag-e-**rē**-ris	cap-e-**rē**-ris
Sg.	usw.	usw.	usw.	usw.	usw.

Der Konjunktiv Imperfekt wird ebenso wie der Indikativ Imperfekt in allen Konjugationen gleich gebildet. Zeichen des Konjunktiv Imperfekt ist **-re-** .

102 Perfekt

	Aktiv	Passiv
Sg. 1. Pers.	vocāv-**eri**-m	vocā-tus, a, um sim
2. Pers.	vocāv-**eri**-s usw.	vocā-tus, a, um sīs usw.

Die Formen des Konjunktiv Perfekt werden in allen Konjugationen gleich gebildet.

Zeichen des Konjunktiv Perfekt Aktiv ist **-eri-** , das an den Perfektstamm angefügt wird.
Im Passiv steht nach der PFP-Form eine Form des Konjunktiv Präsens von esse.

Eine allgemeingültige deutsche Übersetzung für die Formen des lateinischen Konjunktiv Perfekt kann nicht angegeben werden.

103 Plusquamperfekt

vocā-v-**isse**-m	ich hätte gerufen
vocā-tus essem	ich wäre gerufen worden

	Aktiv	Passiv
1. Pers.	vocā-v-**isse**-m	vocā-tus, a, um essem
2. Pers.	vocā-v-**issē**-s usw.	vocā-tus, a, um essēs usw.

Die Formen des Konjunktiv Plusquamperfekt werden in allen Konjugationen gleich gebildet.
Zeichen des Konjunktiv Pluquamperfekt Aktiv ist **-isse-** , das an den Perfektstamm angefügt wird.
Im Passiv steht nach der PFP-Form eine Form des Konjunktiv Imperfekt von esse.

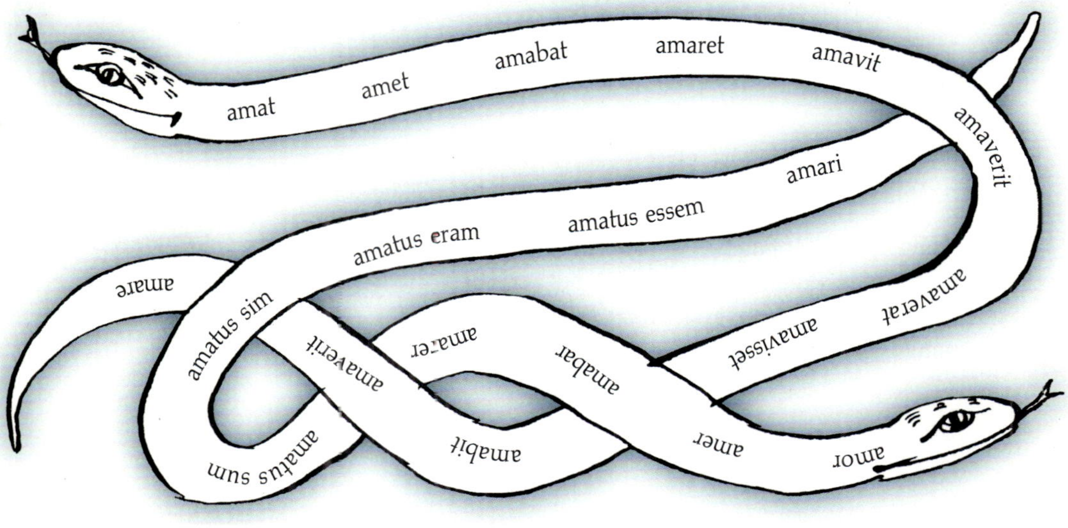

Konjunktiv in Hauptsätzen

Der Konjunktiv im Hauptsatz kennzeichnet allgemein den Inhalt eines Satzes als möglich, gewünscht oder nicht wirklich.

Die folgenden Konjunktive (*104-107*) **drücken Aufforderungen und Wünsche aus:**

104 Hortativ

Eamus!
Lasst uns gehen!

Gaudeamus!
Freuen wir uns!

Der Konjunktiv Präsens der 1. Pers. Pl. stellt eine Aufforderung dar, die der Sprecher an sich (und andere) richtet.

105 Jussiv

Discipuli paucis verbis respondeant!
Die Schüler sollen mit wenigen Worten antworten!

Der Konjunktiv Präsens der 3. Pers. drückt eine Aufforderung an Dritte aus.

106 Prohibitiv

Ne clamaveris! (Noli clamare!)
Schreie nicht!

Ne clamaveritis! (Nolite clamare!)
Schreit nicht!

Ne mit folgendem Konjunktiv Perfekt drückt einen verneinten Befehl (Prohibitiv) in der Gegenwart (!) aus. Diese Konstruktion ist bedeutungsgleich mit noli bzw. nolite mit Infinitiv.

▶ *129* Verwendung von noli(te)

107 Optativ

a) erfüllbare Wünsche

(Utinam) ea res tibi usui sit!
Möge dir diese Sache nützen!
Hoffentlich nützt dir dies!

(Velim) ea res tibi usui fuerit!
Hoffentlich hat dir dies genützt!

Der **Konjunktiv Präsens** (für die Gegenwart) und der **Konjunktiv Perfekt** (für die Vergangenheit) drücken Wünsche aus, deren Erfüllung der Sprecher für möglich hält. Sie können mit utinam (oder velim) eingeleitet werden.

b) unerfüllbare Wünsche

Utinam ea res tibi usui esset!
(O,) wenn dir dies doch nützen würde!

Utinam (vellem) ea res tibi usui fuisset!
(O,) wenn dir dies doch genützt hätte!

Der **Konjunktiv Imperfekt** (für die Gegenwart) und der **Konjunktiv Plusquamperfekt** (für die Vergangenheit) drücken Wünsche aus, deren Erfüllung der Sprecher nicht für möglich hält. Sie werden meist mit utinam (oder vellem) eingeleitet.

c) Verneinung

Utinam mea verba ne derideas!
Mögest du über meine Worte nicht lachen!
Lach' bitte nicht über meine Worte!

Utinam mea verba ne derisisses!
(O,) wenn du doch über meine Worte nicht gelacht hättest!

Der Optativ wird mit **ne** verneint.

Die folgenden Konjunktive *(108–110)* **stehen in Aussage- bzw. Fragesätzen:**

108 Potentialis

Quis hoc dubitet?
Wer *könnte* daran zweifeln?
Wer *dürfte* daran zweifeln?

Hoc nemo credat/crediderit.
Das *dürfte* keiner glauben.
Das glaubt *wohl* keiner.

Der **Konjunktiv Präsens bzw. Perfekt** kann im Hauptsatz dazu dienen, eine Aussage als möglich zu charakterisieren bzw. in ihrer Gültigkeit abzuschwächen. Beide drücken den **Potentialis der Gegenwart** aus.
Zur Wiedergabe im Deutschen eignen sich Formulierungen mit 'könnte', 'dürfte' oder 'wohl'.

Hoc numquam crederes.
Man *hätte* (du *hättest*) dies niemals glauben *können.*

Der **Konjunktiv Imperfekt** drückt den **Potentialis der Vergangenheit** aus.

109 Deliberativ

Quid faciam?	Quid facerem?
Was *soll* ich tun?	Was *hätte* ich tun *sollen?*

In einer Wortfrage dient der Konjunktiv (meist der 1. Pers.) zum Ausdruck der Überlegung bzw. Unentschlossenheit (**Deliberativ**).
Zur Wiedergabe im Deutschen eignet sich die Umschreibung mit 'sollen'.
Der **Deliberativ der Gegenwart** steht im **Konjunktiv Präsens,** der **Deliberativ der Vergangenheit** im **Konjunktiv Imperfekt**.

110 Irrealis

Si hoc scirem, tibi explicarem.
Wenn ich das wüsste, würde ich es dir erklären.

Si hoc scivissem, tibi explicavissem.
Wenn ich das gewusst hätte, hätte ich es dir erklärt.

Der **Konjunktiv Imperfekt** (für die Gegenwart) und der **Konjunktiv Plusquamperfekt** (für die Vergangenheit) drücken aus, dass etwas sein könnte, aber nicht ist, bzw. dass etwas hätte sein können, aber nicht war. Sie dienen also zum Ausdruck des **Irrealis** (der „Nichtwirklichkeit").

Solche Konjunktive kommen in der gleichen Funktion auch im Deutschen und Englischen vor:

delibera-re-t
er würde überlegen
he would deliberate

consens-isse-t
er hätte zugestimmt
he would have consented

Konjunktiv in Gliedsätzen

111 nach Subjunktionen

Te oro, ut mihi consilium des.
Ich bitte dich, dass du mir einen Rat gibst.
Ich bitte dich, mir einen Rat zu geben.

Im Lateinischen gibt es eine Reihe von Subjunktionen, nach denen der Konjunktiv steht, darunter auch **ut** und **ne**.
Bei der Wiedergabe im Deutschen wird in diesen Fällen der Indikativ verwendet; in Sätzen, die einen Wunsch, eine Aufforderung oder eine Absicht ausdrücken, steht auch der Infinitiv mit 'zu'.

▶ *164-175* Subjunktionen

112 im indirekten Fragesatz

Quis nescit, cur homines Romam caput mundi appellent/appellaverint?
Wer weiß nicht, weshalb die Menschen Rom als Hauptstadt der Welt bezeichnen/bezeichnet haben?

Quis nescit, cur Roma caput mundi appelletur/appellata sit?
Wer weiß nicht, weshalb Rom als Hauptstadt der Welt bezeichnet wird/worden ist?

Im Lateinischen steht in indirekten Fragesätzen, d.h. Gliedsätzen, die mit einem Fragewort eingeleitet werden, der Konjunktiv.
Bei der Übersetzung ins Deutsche wird im Allgemeinen der Indikativ verwendet.

▶ *61* Indirekte Fragesätze

113 im Relativsatz

Abgesehen von den Fällen eines obliquen Konjunktivs (▶114) treten konjunktivische Relativsätze auch mit kausalem, finalem oder konsekutivem **Nebensinn** (als Adverbiale) auf.

a) kausal

Seneca, *qui* (cum) liber a negotiis *esset*, ludos spectavit.
Seneca schaute die Spiele an, *da* er frei von Verpflichtungen war.

b) final

Seneca servum misit, *qui* (ut) amicos ad cenam *invitaret*.
Seneca schickte einen Sklaven, der die Freunde zum Essen einladen *sollte*.

c) konsekutiv

Seneca non *is (talis)* erat, *qui* (ut) ludis *delectaretur*.
(Seneca war nicht so, dass er Freude an den Spielen hatte.)
Seneca war kein Mann, der Freude an den Spielen hatte.

Epistulae Senecae dignae sunt, *quae legantur*.
Senecas Briefe sind es wert, gelesen zu werden.

Ein Relativsatz mit konsekutivem Nebensinn kann im übergeordneten Satz durch ein „Signalwort" (z.B. is, talis) vorbereitet werden oder von bestimmten Adjektiven (dignus, idoneus, aptus) abhängen. Der Nebensinn wird im Deutschen meist nicht ausgedrückt.

Hierzu zählt auch der Konjunktiv nach Ausdrücken wie:

Sunt, qui …	Es gibt Leute, die …
Nemo est, qui …	Es gibt keinen, der …
Quis est, qui …	Wen gibt es, der …

114 Obliquer Konjunktiv

a) Konjunktivische Abhängigkeit

Quis eum *diligat*, quem *timeat*?
Wer könnte den lieben, den er fürchtet?

Gelegentlich kommt in Gliedsätzen, die normalerweise im Indikativ stehen, ein sog. obliquer („abhängiger") Konjunktiv vor.
Dies ist z.B. dann der Fall wenn auch im übergeordneten Satz der Konjunktiv steht (hier: diligat).
Dieser Konjunktiv braucht bei der Übersetzung nicht wiedergegeben zu werden.

b) Infinitivische Abhängigkeit

Scimus neminem eum *diligere*, quem *timeat*.
Wir wissen, dass niemand den liebt, den er fürchtet.

Der oblique Konjunktiv wird auch verwendet, wenn der Gliedsatz von einer Infinitivkonstruktion abhängig ist.

c) Innere Abhängigkeit

Socrates id, quod honestum non *esset*, ne utile quidem putabat.
Sokrates hielt das, was nicht ehrenhaft *sei*, nicht einmal für nützlich.

Ein obliquer Konjunktiv im Gliedsatz kann auch bedeuten, dass der Sachverhalt als Meinung des Subjektes (hier: Sokrates) wiedergegeben wird. Man spricht dann von „innerer Abhängigkeit". In solchen Fällen wird auch im Deutschen der Konjunktiv gebraucht.

Iuvenes quidam Socratem valde diligebant, quod *se* bene *docuisset*.
Einige junge Männer verehrten Sokrates sehr, weil er *sie* gut unterrichtet *habe*.

In derartigen Gliedsätzen bezieht sich ein reflexives Pronomen (hier: se) auf das Subjekt des übergeordneten Satzes (hier: iuvenes).

115 Consecutio temporum

Scimus, quantam calamitatem ira *afferat/ attulerit/allatura sit*.
Wir wissen, welch großes Unglück der Zorn *verursacht / verursacht hat / verursachen wird*.

Philosophi veteres sciebant, quantam calamitatem ira *afferret / attulisset / allatura esset*.
Die alten Philosophen wussten, welch großes Unglück der Zorn *verursacht / verursacht hat / verursachen würde*.

Im Lateinischen gibt es klare Regeln für den Gebrauch der Tempora in konjunktivischen Gliedsätzen. Die Gesamtheit dieser Regeln bezeichnet man als **Consecutio temporum** (Zeitenfolge). Nach diesen Regeln ergibt sich aus dem Tempus im Hauptsatz und dem Tempus im konjunktivischen Gliedsatz immer eindeutig, in welchem Zeitverhältnis die Handlung des Gliedsatzes zu der des Hauptsatzes steht:

Hauptsatz	Gliedsatz	Zeitverhältnis
Präsens/ Futur	Konjunktiv Präsens	gleichzeitig
	Konjunktiv Perfekt	vorzeitig
	-turus, a, um sim	nachzeitig
alle Vergangenheitstempora	Konjunktiv Imperfekt	gleichzeitig
	Konjunktiv Plusquamperfekt	vorzeitig
	-turus, a, um essem	nachzeitig

▶ *137* Oratio obliqua

Grammadux fasst zusammen: Konjunktiv

➤ Das mit dem Konjunktiv finde ich sehr kompliziert. Oft braucht man ihn nicht zu übersetzen, aber dann ist er doch wieder so wichtig, dass es einen Fehler gibt, wenn man ihn nicht beachtet. Am liebsten wäre mir eine einfache Regel, wann man den Konjunktiv bei der Übersetzung wiedergeben muss.

Gr. Für einen ersten Schritt kann ich dir eine klare Regel nennen: Steht der Konjunktiv in einem Hauptsatz, dann musst du ihn im Deutschen immer irgendwie zum Ausdruck bringen, steht er aber in einem Gliedsatz, dann ist das nicht oft nötig.

➤ Und wie muss man ihn in **HAUPTSÄTZEN** ausdrücken?

Gr. Das hängt von seinem Verwendungszweck ab. Folgende Möglichkeiten hast du bisher kennengelernt:
1. Konjunktiv Impf. und Plusqpf. als **Irrealis** (▶ *110*), z. B.:
Etiam Felix ludos spectaret, nisi tam crudeles essent.
Auch Felix würde die Spiele ansehen, wenn sie nicht so grausam wären.

➤ Ja, das war leicht, das war wie im Deutschen.

Gr. **2.** Konjunktiv Perf. im **Prohibitiv** (▶ *106*), z. B.:
Ne spectaveris ludos crudeles! Schaue keine grausamen Spiele an!
3. Konjunktiv Präs. als **Hortativ** und **Jussiv** (▶ *104 f.*) in einer Aufforderung.

➤ Ist das z. B. plaudamus im Sinne von „lasst uns klatschen"?

Gr. Richtig. Das ist ein Hortativ. Und hier ein Beispiel für den Jussiv:
Spectatores plaudant! Die Zuschauer sollen klatschen!
4. Konjunktiv Präs. und Perf. als **Potentialis** (▶ *108*), z. B.:
Bonum gladiatorem nemo illudat. Einen guten Gladiator dürfte niemand verspotten.
5. Last not least die Konjunktive aller Tempora im **Optativ**: Mit Präsens und Perfekt wird ein erfüllbarer, mit Imperfekt und Plusquamperfekt ein unerfüllbarer Wunsch ausgedrückt.

➤ Utinam hoc didicissem!

Gr. Fantastisch! Dann können wir wohl zu den **GLIEDSÄTZEN** übergehen.
1. In sehr vielen lateinischen Gliedsätzen steht der Konjunktiv, weil die **Subjunktion** (z. B. ut oder cum) dies erfordert (▶ *111*). In diesen Fällen wird der Konjunktiv nicht übersetzt, z. B.:
Oro te, ut turbam vites. Ich bitte dich, die Menge zu meiden.
2. Das Gleiche gilt für die **indirekten Fragesätze** (▶ *112*), z. B.:
Rogo te, cur talibus ludis delecteris.
Ich frage dich, warum du durch solche Spiele erfreut wirst.
3. Über den **obliquen Konjunktiv**, der selten vorkommt, brauche ich wohl nicht viel zu sagen …

➤ Ja, an den erinnere ich mich, nur bei innerer Abhängigkeit steht auch im Deutschen der Konjunktiv.

Gr. Ausgezeichnet.

4. Sicher weißt du dann auch noch, welche Bedeutungen der **Konjunktiv im Relativsatz** hat und wie er jeweils zu übersetzen ist? Sieh' dir das Beispiel an:
Amicus servum misit, qui Senecam ad ludos invitaret.

➤ Lass' mich nachdenken. – Ich hab's: Der Freund schickte einen Sklaven, der Seneca einladen sollte.

Gr. Prima, nur 'zu den Spielen' hast du vergessen. Weißt du auch noch, wie man diese Sinnrichtung bezeichnet?

➤ Das hab' ich vergessen.

Gr. Das ist ein finaler Relativsatz. Bei den beiden anderen Arten, dem kausalen und dem konsekutiven Relativsatz, steht in der deutschen Übersetzung nach einer entsprechenden Subjunktion der Indikativ.

➤ Vielen Dank. Aber sag' mal, irgendwie habe ich das Gefühl, dass das jetzt viel einfacher ging, als wenn ich einen Text vor mir habe.

Gr. Das will ich gerne glauben. Im Text musst du ja zunächst noch die Konjunktivform erkennen und dann herausfinden, warum sie dasteht. Wir sind jetzt umgekehrt vorgegangen. Im Einzelfall helfen dir die folgenden Tabellen:

Konjunktiv im Hauptsatz

Tempus	*Verwendung*	*Wiedergabe im Deutschen*
Impf., Plusqpf.	Irrealis	irrealer Konjunktiv
Perf. (nach ne)	Prohibitiv	verneinter Imperativ
Präs.	Jussiv	'soll(en)'
	Hortativ	'lasst uns'
	Deliberativ (Gegenwart)	'soll(en)' (im Fragesatz)
Präs., Perf.	Potentialis (Gegenwart)	'dürfte(n), könnte(n), wohl'
Präs., Perf.	Optativ – erfüllbarer Wunsch	Indikativ ('hoffentlich ...')
Impf., Plusqpf.	Optativ – unerfüllbarer Wunsch	irrealer Konjunktiv

Konjunktiv im Gliedsatz

Vorkommen		*Wiedergabe im Deutschen*
nach best. Subjunktionen	z. B. ut, cum	Indikativ
im indirekten Fragesatz		Indikativ (selten Konjunktiv)
im Relativsatz	kausal	Indikativ (nach Subj.)
	konsekutiv	Indikativ (nach Subj.)
	final	'soll(en)'
als obliquer Konjunktiv	nach Konjunktiv	Indikativ
	nach Infinitiv	Indikativ
	wegen innerer Abhängigkeit	Konjunktiv

➤ Das sieht zwar nach sehr viel aus, aber dass man im Deutschen so oft den Indikativ nehmen kann, ist doch erfreulich.

Imperativ (Befehlsform)

116 Imperativ I

	Sg.		Pl.		
	properā	beeile dich!	properā-**te**	beeilt euch!	ā-Konjugation
	vidē	schau!	vidē-**te**	schaut!	ē-Konjugation
	audī	hör!	audī-**te**	hört	ī-Konjugation
	accede	komm her!	acced-**i-te**	kommt her!	kons.
	cape	fang!	cap-**i-te**	fangt!	Konjugation

117 Imperativ II

	Sg.		Pl.		
2. Pers.	vocā-**tō**	du sollst rufen	vocā-**tōte**	ihr sollt rufen	ā-Konjugation
3. Pers.	vocā-**tō**	er soll rufen	vocā-**ntō**	sie sollen rufen	
2. Pers.	monē-tō	usw.			ē-Konjugation
2. Pers.	audī-tō	usw.			ī-Konjugation
2. Pers.	ág-i-tō	usw.			kons.
2. Pers.	cápi-tō				Konjugation

118 Verwendung des Imperativs

Tace! Abi!
Schweig! Geh‘ weg!

Mit dem **Imperativ I** werden Befehle formuliert, die unmittelbar an den Angeredeten gerichtet werden.

▶ *106, 129* Prohibitiv

Si hostes viceritis, eis veniam datote!
Wenn ihr Feinde besiegt habt, sollt ihr ihnen Verzeihung gewähren.

Mit dem **Imperativ II** werden Gebote formuliert, die allgemeine Gültigkeit haben oder erst später ausgeführt werden sollen. Er findet deshalb vor allem in Gesetzen und Lebensregeln Verwendung.

Spezielle Verben

119 Deponentien

arbitror (passive Form)	ich meine (aktive Bedeutung)

In allen Konjugationen gibt es einige Verben, die nur passive Formen bilden, jedoch aktive Bedeutung haben (Deponentien); sie haben also gleichsam ihre aktiven Formen „abgelegt" (deponere!).

a) Infinitiv Präsens arbitrā-rī meinen, glauben

b) Präsensstamm

		Präsens Sg.	Präsens Pl.	Imperfekt Sg.	Futur I Sg.
Indikativ	1. Pers.	arbitr-**or**	arbitrā-**mur**	arbitrā-**ba**-r	arbitrā-**b**-or
	2. Pers.	arbitrā-**ris**	arbitrā-**minī**	arbitrā-**bā**-ris	arbitrā-**be**-ris
	3. Pers.	arbitrā-**tur**	arbitrā-**ntur**	usw.	arbitrā-**bi**-tur usw.
Konjunktiv	1. Pers.	arbitr-**e**-r		arbitrā-**re**-r	
	2. Pers.	arbitr-**ē**-ris	usw.	usw.	
Imperativ		arbitrā-**re**	arbitrā-**minī**		

c) Perfektstamm

		Perfekt Sg.		Plusquamperfekt Sg.	
Indikativ	1. Pers.	arbitrātus, a, um sum	usw.	arbitrātus, a, um eram	usw.
Konjunktiv	1. Pers.	arbitrātus, a, um sim	usw.	arbitrātus, a, um essem	usw.

d) Stammformen

arbitrārī	arbitror	arbitrātus sum	ā-Konjugation
verērī	vereor	veritus sum	ē-Konjugation
potīrī	potior	potītus sum	ī-Konjugation
sequī	sequor	secūtus sum	kons.
patī	patior	passus sum	Konjugation

120 Semideponentien

solet	er/sie ist gewohnt	solitus est	er/sie war gewohnt
gaudet	er/sie freut sich	gavisus est	er/sie hat sich gefreut
audet	er/sie wagt	ausus est	er/sie hat gewagt
confidit	er/sie vertraut	confisus est	er/sie hat vertraut

Einige wenige Verben bilden nur im Perfektstamm passive Formen mit aktiver Bedeutung. Deshalb heißen sie Semideponentien (Halbdeponentien).

revertitur	er kehrt zurück	revertit	er ist zurückgekehrt

reverti ist das einzige Verb, das im Präsensstamm ein Deponens ist und im Perfektstamm aktive Formen bildet.

121 Perfektopräsentien

Die aktiven Perfektformen einiger Verben können einen Zustand oder ein Ergebnis ausdrücken und somit präsentische Bedeutung bekommen, z. B.:

cognovi	ich habe kennengelernt, ich kenne/weiß
consuevi	ich habe mich daran gewöhnt, ich bin gewohnt/pflege (etw. zu tun)

Zwei Verben mit präsentischer Bedeutung bilden ausschließlich Formen des Perfektstamms:

memini	ich erinnere mich/denke an
odi	ich hasse

Multi Romani philosophiam neglegere *consueverant.*
Viele Römer *pflegten* die Philosophie zu vernachlässigen.
Viele Römer vernachlässigten *gewöhnlich* die Philosophie.

Mortuorum *meminerimus!*
Lasst uns an die Toten *denken!*

Bei diesen Verben werden also z. B. die Formen des Plusquamperfekts (hier: consueverant) mit Imperfekt wiedergegeben, die Formen des Konjunktiv Perfekt (hier: meminerimus) haben die Funktion des Konjunktiv Präsens (hier als Hortativ) usw.

122 esse

a) Infinitiv Präsens es-se sein

b) Präsensstamm

		Präsens Sg.	Pl.	Imperfekt Sg.	Futur I Sg.	Pl.
Indikativ	1. Pers.	s-u-**m**	s-u-**mus**	er-**a-m**	er-**ō**	er-i-**mus**
	2. Pers.	es	es-**tis**	er-**ā-s**	er-i-**s**	er-i-**tis**
	3. Pers.	es-**t**	s-u-**nt**	usw.	er-i-**t**	er-u-**nt**
Konjunktiv	1. Pers.	s-i-m		es-se-m		
	2. Pers.	s-ī-s	usw.	es-sē-s usw.		
Imperativ I		es	es-te			
Imperativ II	2. Pers.	es-tō	es-tōte			
	3. Pers.	es-tō	s-u-ntō			

c) Perfektstamm

		Perfekt Sg.	Pl.	Plusquamperfekt Sg.	Futur II Sg.
Indikativ	1. Pers.	fu-ī	fu-imus	fu-eram	fu-erō
	2. Pers.	fu-istī	fu-istis	fu-erās	fu-eris
	3. Pers.	fu-it	fu-ērunt	usw.	usw.
Konjunktiv	1. Pers.	fu-erim		fu-issem	
	2. Pers.	fu-eris	usw.	fu-issēs usw.	

Der Infinitiv Perfekt lautet **fuisse,**
das Partizip Futur Aktiv **futurus, a, um,**
der Infinitiv Futur **futurum, am, um esse** (oder **fore**).

d) Komposita

Die Grundbedeutungen der Komposita von esse sind leicht zu erschließen. Allerdings werden die Vorsilben z. T. assimiliert (angeglichen), z. B.:

ab-esse, ā-fui
ad-esse, af-fui (adfui)

Besonders zu beachten sind die Formen von prodesse und posse (▶*123*).
Die Komposita von esse sind auf S. 147 zusammengestellt.

123 prodesse, posse

a) prodesse nützen

		Präsens Sg.	Pl.	Imperfekt Sg.
Indikativ	1. Pers.	prō-sum	prō-sumus	prō**d**-eram
	2. Pers.	prō**d**-es	prō**d**-estis	prō**d**-erās
	3. Pers.	prōd-est	prō-sunt	usw.
Konjunktiv	1. Pers.	prō-sim		prōd-essem
	2. Pers.	prō-sīs	usw.	usw.

	Futur I Sg.	Pl.
1. Pers.	prō**d**-ero	prō**d**-erimus
2. Pers.	prō**d**-eris	prō**d**-eritis
3. Pers.	prō**d**-erit	prō**d**-erunt

Perfektstamm: **profu-** (profui, profuisti usw.)

Beim Kompositum prodesse steht das Präfix pro- vor Vokalen in der Form prod-.

b) posse können, vermögen

		Präsens Sg.	Pl.	Imperfekt Sg.
Indikativ	1. Pers.	po**s**-sum	po**s**-sumus	pot-eram
	2. Pers.	pot-es	pot-estis	pot-erās
	3. Pers.	pot-est	pos-sunt	usw.
Konjunktiv	1. Pers.	pos-sim		possem
	2. Pers.	pos-sīs	usw.	possēs usw.

	Futur I Sg.	Pl.
1. Pers.	pot-erō	pot-erimus
2. Pers.	pot-eris	pot-eritis
3. Pers.	pot-erit	pot-erunt

Perfektstamm: **potu-** (potui, potuisti usw.)

Die Formen von posse sind aus dem alten Adjektiv potis, e (mächtig, fähig) und dem Hilfsverb esse entstanden. Vor Vokal steht pot-, vor **s** wird pot- zu pos- assimiliert (angeglichen).

124 ire

a) Infinitiv Präsens **ī-re** gehen

b) Präsensstamm

		Präsens Sg.	Pl.	Imperfekt Sg.	Futur I Sg.	Pl.
Indikativ	1. Pers.	e-**ō**	ī-**mus**	ī-**ba**-m	ī-**b**-ō	ī-**bi**-mus
	2. Pers.	ī-**s**	ī-**tis**	ī-**bā**-s	ī-**bi**-s	ī-**bi**-tis
	3. Pers.	i-**t**	e-**u-nt**	usw.	ī-**bi**-t	ī-**bu**-nt
Konjunktiv	1. Pers.	e-a-m		ī-re-m		
	2. Pers.	e-ā-s	usw.	ī-rē-s usw.		
Imperativ I		ī	ī-te			
Imperativ II	2. Pers.	ī-tō	ī-tōte			
	3. Pers.	ī-tō	eu-ntō			

Der Wortstamm besteht allein aus dem Vokal **i-**, der vor dunklen Vokalen zu **e-** wird. Ansonsten sind die Formen regelmäßig.

c) Perfektstamm

		Perfekt Sg.	Pl.	Plusquamperfekt Sg.	Futur II Sg.
Indikativ	1. Pers.	i-ī	i-imus	i-eram	i-erō
	2. Pers.	īstī	īstis	i-erās	i-eris
	3. Pers.	i-it	i-ērunt	usw.	usw.
Konjunktiv	1. Pers.	i-erim		īssem	
	2. Pers.	i-eris	usw.	īssēs usw.	

Der Perfektstamm, der ebenfalls **i-** lautet, wird manchmal mit dem folgenden **-i-** der Endung verschmolzen.

Der Infinitiv Perfekt lautet **īsse**.

d) Partizipien
- Partizip Präsens Aktiv iens, euntis
- Partizip Perfekt Passiv itum
- Partizip Futur Aktiv iturus, a, um

e) Passiv
itur man geht Das Passiv kommt nur in der 3. Person Singular vor.

f) Komposita
Die Grundbedeutungen der Komposita von ire sind leicht zu erschließen; zu beachten sind übertragene Bedeutungen (z. B. adire aufsuchen) oder feste Wendungen (z. B. consilium inire einen Plan fassen).

Die Komposita sind auf S. 148 zusammengestellt.

125 ferre

a) Infinitiv Präsens	fer-**re** tragen	fer-**rī** getragen werden

b) Präsensstamm

		Aktiv Sg.	Pl.	Passiv Sg.	Pl.
Indikativ Präsens	1. Pers.	fer-**ō**	fer-**i-mus**	fer-**or**	fer-**i-mur**
	2. Pers.	fer-**s**	fer-**tis**	fer-**ris**	fer-**i-minī**
	3. Pers.	fer-**t**	fer-**u-nt**	fer-**tur**	fer-**u-ntur**
Konjunktiv Präs.	1. Pers.	fer-**a**-m		fer-**a**-r	
	2. Pers.	fer-**ā**-s	usw.	fer-**ā**-ris	usw.
Indikativ Impf.	1. Pers.	fer-**ēba**-m	usw.	fer-**ēba**-r	
	2. Pers.	fer-**ēbā**-s		fer-**ēbā**-ris	usw.
Konjunktiv Impf.	1. Pers.	fer-**re**-m		fer-**re**-r	
	2. Pers.	fer-**rē**-s	usw.	fer-**rē**-ris	usw.
Futur I	1. Pers.	fer-**a**-m		fer-**a**-r	
	2. Pers.	fer-**ē**-s	usw.	fer-**ē**-ris	usw.

Die Formen des Präsensstammes von ferre werden regelmäßig gebildet; vor den Endungen, die mit -m, -n oder -b beginnen, wird ein Bindevokal eingefügt.

Imperativ I		fer	fer-te
Imperativ II	2. Pers.	fer-tō	fer-tōte
	3. Pers.	fer-tō	fer-u-ntō

c) Perfektstamm

Stammformen: ferre fero tuli latum

		Aktiv Sg.		Passiv Sg.	
Ind. Perfekt	1. Pers.	**tul**-ī		**lātus**, a, um sum	
	2. Pers.	**tul**-istī	usw.	**lātus**, a, um es	usw.
Ind. Plusqupf.	1. Pers.	**tul**-era-m	usw.	**lātus**, a, um eram	usw.

Alle Formen des Perfektstammes (**tul-**) werden regelmäßig gebildet.

d) Komposita

Die Bedeutungen der Komposita von ferre sind meist leicht zu erschließen.
Allerdings werden die Vorsilben häufig assimiliert (angeglichen), z. B.

af-ferre aus **ad**-ferre, **al**-latum aus **ad**-latum.

Die Komposita sind auf S. 148 zusammengestellt.

126 fieri

Infinitiv Präsens		**fierī** werden, geschehen; entstehen			
		Präsens		Imperfekt	Futur I
		Sg.	Pl.	Sg.	Sg.
Indikativ	1. Pers.	fi-**ō**	fī-**mus**	fī-**ēba**-m	fī-**a**-m
	2. Pers.	fī-**s**	fī-**tis**	fī-**ēbā**-s	fī-**ē**-s
	3. Pers.	fi-**t**	fī-**u-nt**	usw.	usw.
Konjunktiv	1. Pers.	fi-**a**-m		fi-e-**re**-m	
	2. Pers.	fī-**ā**-s	usw.	usw.	

Die Formen des Präsensstammes entsprechen im Allgemeinen denen der ī-Konjugation.

127 Verwendung von fieri

Augustus imperavit, ut in provinciis quoque multa monumenta fierent.
Augustus befahl, dass auch in den Provinzen viele Denkmäler geschaffen wurden (... zu schaffen).

Itaque ibi multa monumenta facta sunt.
Deshalb wurden dort viele Denkmäler geschaffen (gebaut).

Fieri vertritt im Präsensstamm auch das fehlende Passiv von facere.
Die Formen des Perfektstammes werden daher mit dem PPP von facere (factus, a, um) gebildet.

Ita factum est, ut ibi multa monumenta fierent.
So geschah es, dass dort viele Denkmäler geschaffen (gebaut) wurden.

Nach unpersönlichen Formen von fieri wie

fit	es geschieht
factum est	es geschah
fieri potest	es kann geschehen

leitet ut (mit Konj.) einen Gliedsatz ein, der über das Geschehen informiert.

Monumenta, quae a Romanis facta sunt

128 velle, nolle, malle

velle wollen

		Präsens Sg.	Präsens Pl.	Imperfekt Sg.	Futur I Sg.	Futur I Pl.
Indikativ	1. Pers.	v**o**lō	vol**u**mus	volē-**ba**-m	vol-**a**-m	vol-**ē**-mus
	2. Pers.	v**ī**s	**vu**ltis	volē-**bā**-s	vol-**ē**-s	vol-**ē**-tis
	3. Pers.	v**u**lt	v**o**lunt	usw.	vol-**e**-t	vol-**e**-nt
Konjunktiv	1. Pers.	velim		vellem		
	2. Pers.	velīs	usw.	vellēs usw.		

nōlle nicht wollen

		Präsens Sg.	Präsens Pl.	Imperfekt Sg.
Indikativ	1. Pers.	n**ō**lō	nōl**u**mus	nōlē-**ba**-m
	2. Pers.	nōn vīs	nōn vultis	nōlē-**bā**-s
	3. Pers.	nōn vult	nōlunt	usw.
Konjunktiv	1. Pers.	nōlim		nōllem
	2. Pers.	nōlīs	usw.	nōllēs usw.

Das Futur zu nolle und malle ist ungebräuchlich.

Nolo ist zusammengezogen aus ne-volo.

mālle lieber wollen

		Präsens Sg.	Präsens Pl.	Imperfekt Sg.
Indikativ	1. Pers.	mālō	māl**u**mus	mālē-**ba**-m
	2. Pers.	māv**ī**s	māv**u**ltis	mālē-**bā**-s
	3. Pers.	māv**u**lt	māl**u**nt	usw.
Konjunktiv	1. Pers.	mālim		māllem
	2. Pers.	mālīs	usw.	māllēs usw.

Perfektstämme:
vol**u**- (voluī, voluistī usw.)
nōl**u**- (nōluī, nōluistī usw.)
māl**u**- (māluī, māluistī usw.)

Partizip Präsens Aktiv:
volēns, -ntis
nōlēns, -ntis

129 Verwendung von noli(te)

Noli clamare!
Schreie (ja) nicht!

Nolite clamare!
Schreit (ja) nicht!

Die Imperative noli (Sg.) und nolite (Pl.) mit einem folgenden Infinitiv drücken ein Verbot bzw. einen verneinten Befehl (Prohibitiv) aus.

▶ *106* Prohibitiv

Infinitive (Grundformen)

130 Infinitiv Präsens Aktiv und Passiv

Aktiv		Passiv		
vocā-**re**	(zu) rufen	vocā-**rī**	gerufen (zu) werden	ā-Konjugation
monē-**re**	(zu) mahnen	monē-**rī**	gemahnt (zu) werden	ē-Konjugation
audī-**re**	(zu) hören	audī-**rī**	gehört (zu) werden	ī-Konjugation
ag-**ĕ-re**	(zu) treiben	ag-**ī**	getrieben (zu) werden	kons.
cap-**ĕ-re**	(zu) fassen	cap-**ī**	gefasst (zu) werden	Konjugation

Das -e- im Infinitiv der konsonantischen Konjugation ist ein Bindevokal, der kurz gesprochen wird. Das -e- im Infinitiv der ē-Konjugation gehört dagegen zum Wortstamm und wird lang gesprochen.

Die Endung im Aktiv lautet **-re**.

Die Endungen im Passiv lauten
in der a-, e- und i-Konjugation **-ri**,
in der kons. Konjugation **-i**.

131 Infinitiv Perfekt Aktiv und Passiv

a) vocā-**v-isse** gerufen (zu) haben

Der Infinitiv Perfekt Aktiv wird gebildet, indem an den Perfektstamm die Endung **-isse** angefügt wird.

b) vocātum, am, um esse
vocātōs, ās, a esse
gerufen worden (zu) sein

Der Infinitiv Perfekt Passiv wird aus einer Akkusativform des PPP und esse gebildet.

132 Infinitiv Futur Aktiv

vocāturum, am, um esse	rufen werden
victurum, am, um esse	siegen werden
futurum, am, um esse (oder fore)	sein werden

Der Infinitiv Futur wird aus einer Akkusativform des Partizip Futur und esse gebildet.

133 Infinitive der Deponentien

Auch von den Deponentien werden alle **Infinitive** gebildet:

Infinitiv Präsens	hortā-**rī**	auffordern
Infinitiv Perfekt	hortā-**tum esse**	aufgefordert (zu) haben
Infinitiv Futur	hortā-**tūrum esse**	auffordern werden

134 Verwendung des Infinitivs

Der Infinitiv steht oft in satzwertigen Konstruktionen (AcI *135*, NcI *136*).
Ansonsten wird er verwendet wie im Deutschen:

Ridere licet.
Lachen ist erlaubt.
Man darf lachen.

Discedere non possum.
Ich kann nicht weggehen.

Der Infinitiv kann als Subjekt (hier: ridere) oder Objekt (hier: discedere) auftreten.

Amicam diutius morari nolo.
Ich will die Freundin nicht länger aufhalten.

Der Infinitiv kann wie ein finites Verb durch Objekte (hier: amicam) oder Adverbialien (hier: diutius) erweitert werden.

135 Akkusativ mit Infinitv (AcI)

a) Erscheinungsform und Übersetzung

Plinius nubem ascendere videt.
Plinius sieht eine Wolke aufsteigen.
Pliny sees a cloud rise.

Eine dem AcI ähnliche Konstruktion, bei der nach bestimmten Verben zu einem Akkusativobjekt (hier: nubem) ein Infinitiv (hier: ascendere) hinzukommt, gibt es auch im Deutschen und Englischen.

Plinius periculum imminere scit.
Plinius weiß, dass eine Gefahr droht.

Im Lateinischen ist der **AcI (Accusativus cum Infinitivo)** jedoch viel häufiger und kommt meist nach Verben vor, bei denen eine wörtliche Wiedergabe im Deutschen nicht möglich ist. Die gebräuchlichste Übersetzung ist ein mit 'dass' eingeleiteter Gliedsatz.

b) Zeitverhältnis

Plinius periculum imminere scit.
Plinius weiß, dass eine Gefahr droht.

Plinius periculum imminere sciebat.
Plinius wusste, dass eine Gefahr droht(e).

Der **Infinitiv Präsens** drückt aus, dass das Geschehen des AcI mit dem des Prädikats gleichzeitig abläuft; er bezeichnet die **Gleichzeitigkeit**.

Servus Plinium discessisse scit.
Der Sklave weiß, dass Plinius weggegangen ist.

Servus Plinium discessisse sciebat.
Der Sklave wusste, dass Plinius weggegangen war.

Der **Infinitiv Perfekt** drückt aus, dass das Geschehen des AcI vor dem des Prädikats stattgefunden hat; er bezeichnet die **Vorzeitigkeit**.

Plinius homines periculum vitaturos esse sperabat.
Plinius hoffte, dass die Menschen die Gefahr meiden würden.

Der **Infinitiv Futur** drückt aus, dass das Geschehen des AcI nach dem des Prädikats stattfinden wird (soll); er bezeichnet die **Nachzeitigkeit**.

c) Der AcI als satzwertige Konstruktion

Plinius scit: *Periculum imminet.*
Plinius weiß: *Eine Gefahr droht.*

Plinius *periculum imminere* scit.
Plinius weiß, *dass eine Gefahr droht.*

Man kann den AcI als einen eigenständigen Aussagesatz verstehen, der in einen anderen Satz hineingenommen und von dessen Prädikat abhängig gemacht wurde. Der AcI wird deshalb als **satzwertige Konstruktion** bezeichnet.

Der Infinitiv kann durch Objekte, Adverbialien oder Prädikatsnomina ergänzt werden:

Plinium salutem fuga non petivisse scimus.
Wir wissen, dass Plinius nicht sein Heil in der Flucht suchte.

Plinium hominem fortem fuisse scimus.
Wir wissen, dass Plinius ein tapferer Mann war.

Das Prädikatsnomen (hier: hominem fortem) steht im AcI ebenfalls im Akkusativ.

Durch Objekte, Adverbialien oder Prädikatsnomina können der Akkusativ und der Infinitiv manchmal weit voneinander getrennt sein.
Dies kann dir das Erkennen des AcI erschweren. Andererseits hilft es, wenn du weißt, dass die von dem Akkusativ und dem Infinitiv „eingerahmten" Wörter zum AcI gehören, z. B.:
Plinium salutem fuga non *petivisse* scimus.

d) Satzgliedfunktion

Periculum imminere verisimile erat.
Es war wahrscheinlich, dass eine Gefahr droht(e).

Subjekt ——— Prädikat
Periculum imminere — erat
erat — verisimile (Präd. nom.)

Nach unpersönlichen Ausdrücken (z. B. triste est, verisimile est) steht der AcI als Subjekt.

Plinius periculum imminere scit.
Plinius weiß, dass eine Gefahr droht.

Subjekt Plinius — Prädikat scit
Objekt periculum imminere

Nach Verben des Wahrnehmens (z.B. videre, audire, sentire), des Meinens oder Wissens (z.B. existimare, putare, scire), des Redens oder Erzählens (z.B. affirmare, dicere, narrare) steht der AcI als Objekt.

e) Pronomina im AcI

Gladiatores *se* viros fortes esse putabant.
Die Gladiatoren glaubten, dass *sie (selbst)* tapfere Männer seien.

Steht ein Reflexivpronomen der 3. Pers. in einem AcI, so bezieht es sich in der Regel auf das Subjekt des Satzes.

Romani *eos* viros fortes esse putabant.
Die Römer glaubten, dass *diese/sie (die Gladiatoren)* tapfere Männer seien.

Formen des Pronomens *is* in einem AcI beziehen sich auf eine andere bereits genannte Person oder Sache bzw. andere bereits genannte Personen oder Sachen.

136 Nominativ mit Infinitiv (NcI)

a) Erscheinungsform

Hercules filius Iovis fuisse dicitur/putatur.
Man sagt/glaubt, dass Herkules der Sohn Jupiters war.
Hercules is said/thought to have been the son of Jupiter.

Wie im Englischen können auch im Lateinischen einige Verben im Passiv persönlich konstruiert werden.
Da diese persönlichen Passivformen durch einen Nominativ (hier: Hercules) und einen Infinitiv (hier: fuisse) ergänzt werden, spricht man von einem **NcI (Nominativus cum Infinitivo)**.

Wie der AcI ist auch der NcI eine satzwertige Konstruktion.
Er hat die Satzgliedfunktion des Subjekts.

b) Übersetzung

Hercules filius Iovis fuisse dicitur.
Man sagt, dass Herkules der Sohn Jupiters war.
Herkules war, wie man sagt, der Sohn Jupiters.
Herkules soll Jupiters Sohn gewesen sein.

Die Wiedergabe im Deutschen wird meist freier gestaltet. Neben einem dass-Satz sind auch andere Übersetzungen möglich.

Der NcI findet sich vor allem bei folgenden Verben:

videor	ich scheine
iubeor	man befiehlt mir
existimor/putor	man glaubt, dass ich
dicor	man sagt, dass ich; ich soll

Meist steht er nach Formen der 3. Person Passiv, z.B.:

traditur	man überliefert, dass er/sie …
putatur	man glaubt, dass er/sie …
videtur	er/sie scheint …
dicitur	er/sie soll …

137 Oratio obliqua

Wird das, was jemand gesagt hat oder sagt, von einem Erzähler nicht wortwörtlich zitiert, sondern in Abhängigkeit von einem Verbum des Sagens oder Denkens wiedergegeben, so spricht man von einer indirekten Rede, lat. Oratio obliqua („abhängige Rede").
Eine indirekte Rede wird vom Erzähler im Allgemeinen mit einem einleitenden Satz vorbereitet. Das Prädikat dieses Einleitungssatzes ist meistens ein Verbum des Sagens.
In der lateinischen Oratio obliqua stehen stehen alle Verben
- im Infinitiv (als Bestandteil eines AcI) oder
- im Konjunktiv.

AcI in der Oratio obliqua

a) Aussagen

C. Plinius scribit: In ludis	C. Plinius schreibt: Bei den Spielen
nihil novum, nihil varium esse.	gebe es nichts Neues und keine Abwechslung.
nihil novum, nihil varium fuisse.	habe es nichts Neues und keine Abwechslung gegeben.
nihil novum, nihil varium futurum esse.	werde es nichts Neues und keine Abwechslung geben.

Mit dem AcI werden alle **Aussagen** wiedergegeben.

b) Rhetorische Fragen

C. Plinius rogat: *Quem ignorare* in ludis nihil novum esse?
C. Plinius fragt: *Wer wisse nicht*, dass es bei den Spielen nichts Neues gebe?

Rhetorische Fragen werden wie Aussagen behandelt.

c) Zeitverhältnis und Übersetzung

Die Infinitive bezeichnen wie im AcI das Zeitverhältnis zum Prädikat des einleitenden (übergeordneten) Satzes.

Im Deutschen stehen in der indirekten Rede sämtliche Prädikate im Konjunktiv.
Dabei gilt grundsätzlich:

Gleichzeitigkeit:	lat. Infinitiv Präsens	dt.: Konjunktiv Präsens
Vorzeitigkeit:	lat. Infinitiv Perfekt	dt.: Konjunktiv Perfekt
Nachzeitigkeit:	lat. Infinitiv Futur	dt.: Konjunktiv Futur

C. Plinius scribit: Etiam homines graves	C. Plinius schreibt: Auch bedeutende Männer
ludos spectare.	würden die Spiele betrachten.
ludos spectavisse.	hätten die Spiele betrachtet.
ludis teneri.	würden von den Spielen gefesselt.

Sind im Deutschen die Formen des Konjunktiv Präsens oder Perfekt nicht eindeutig zu erkennen, so werden sie meist durch den Konjunktiv Imperfekt (Präteritum) bzw. Plusquamperfekt ersetzt.

Pronomina in der Oratio obliqua

a) Reflexivpronomina

C. Plinius scribit: *Se (ipsum)* talibus spectaculis non teneri.
C. Plinius schreibt: *Er (selbst)* werde von derartigen Schauspielen nicht gefesselt.

Reflexivpronomina beziehen sich im Allgemeinen auf das Subjekt des einleitenden (übergeordneten) Satzes. Sie können durch ipse ersetzt oder verstärkt werden.

b) Demonstrativpronomina

C. Plinius putat: *Eos/illos* autem ludis teneri.
C. Plinius meint: *Diese/ jene* würden aber durch die Spiele gefesselt.

Die Demonstrativpronomina is und ille beziehen sich auf den/die Angeredeten oder eine andere Person bzw. andere Personen.
Wer im Einzelfall mit den Pronomina gemeint ist, kann nur aus dem Kontext erschlossen werden.

Konjunktiv in der Oratio obliqua

a) Gliedsätze

C. Plinius *scribit*: Se hos dies iucundissime agere, quod talibus spectaculis non *teneatur*. Eos autem, qui ludos *spectaverint*, illis spectaculis gavisos esse.
C. Plinius *schreibt:* Er verbringe diese Tage höchst angenehm, da er von derartigen Schauspielen nicht *gefesselt werde*. Diejenigen aber, die die Spiele *betrachtet hätten*, hätten sich über jene Schauspiele gefreut.

C. Plinius *scripsit*: Se illos dies iucundissime egisse, quod talibus spectaculis non *teneretur*. Eos autem, qui ludos *spectavissent*, illis spectaculis gavisos esse.
C. Plinius *schrieb:* Er habe jene Tage höchst angenehm verbracht, da er von derartigen Schauspielen nicht *gefesselt werde*. Diejenigen aber, die die Spiele *betrachtet hätten*, hätten sich über jene Schauspiele gefreut.

Alle Gliedsätze stehen im Konjunktiv.

Die Tempora der Konjunktive bezeichnen – ebenso wie die Infinitive des AcI – das Zeitverhältnis zum Prädikat des einleitenden (übergeordneten) Satzes, wobei die Regeln der Consecutio temporum gelten (▶ *115*).

Je nachdem, ob das übergeordnete Prädikat im Präsens oder in einem Vergangenheitstempus steht, bezeichnen

- Konjunktiv Präsens bzw. Imperfekt die Gleichzeitigkeit,
- Konjunktiv Perfekt bzw. Plusquamperfekt die Vorzeitigkeit. (Nachzeitigkeit kommt kaum vor.)

Die Wiedergabe im Deutschen erfolgt nach den gleichen Regeln wie bei den Infinitiven.

b) Fragen, Aufforderungen, Wünsche

Amicus e Seneca quaerit: Quid sibi praecipue vitandum *sit*?
Der Freund fragt Seneca: Was *müsse* er vor allem meiden?

Seneca respondet: Turbam *vitet*.
Seneca antwortet: Die Masse (Massenansammlungen) *solle* er meiden.

Alle Hauptsätze, die echte Fragen, Aufforderungen und Wünsche enthalten, stehen im Konjunktiv. Auch hier gelten die Regeln der Consecutio temporum.

Bei der Wiedergabe von Aufforderungen oder Wünschen, die auch in der direkten Rede im Konjunktiv stehen, verwendet man „sollen".

Übersicht: Wiedergabe der Oratio obliqua im Deutschen

Latein	*Deutsch*	*Zeitverhältnis*
Inf. Präs. Konj. Präs. Konj. Impf.	Konj. Präs. (ggf. Konj. Impf.)	gleichzeitig
Inf. Perf. Konj. Perf. Konj. Plusqupf.	Konj. Perf. (ggf. Konj. Plusqupf.)	vorzeitig
-ūrum esse -ūrus sim/essem	Konj. zu „werden"	nachzeitig

Partizipien

138 Partizip Präsens Aktiv

Beispiel: vocans rufend

Sg.	m/f		n
Nom.		vocā-**ns**	
Gen.		vocā-**nt**-is	
Dat.		vocā-**nt**-ī	
Akk.	vocā-**nt**-em		vocā-**ns**
Abl.		vocā-**nt-e**	

Pl.	m/f		n
Nom.	vocā-**nt**-ēs		vocā-**nt-ia**
Gen.		vocā-**nt-ium**	
Dat.		vocā-**nt**-ibus	
Akk.	vocā-**nt**-ēs		vocā-**nt-ia**
Abl.		vocā-**nt**-ibus	

voca-ns aus voca-nt-s

Das Partizip Präsens Aktiv zu Verben der a- und e-Konjugation wird gebildet, indem zwischen den Präsensstamm und die Endung (der 3. Deklination) **-nt-** eingefügt wird:

vocā-ns, -ntis
monē-ns, -ntis

Bei der ī- und der konsonantischen Konjugation wird der Stamm durch ein **-e-** erweitert:

audi-**ē**-ns, -ntis
ag-**ē**-ns, -ntis
capi-**ē**-ns, -ntis

§ 139 Verwendung des Partizip Präsens Aktiv

a) Das Partizip Präsens Aktiv (PPA) als Participium coniunctum

Orpheus *canens* animas mortuorum movit.
Orpheus beeindruckte *singend* die Seelen der Toten.

Das Partizip Präsens Aktiv (hier: canens) steht wie das PPP (▶ *141*) als Participium coniunctum in Kongruenz zu einem Nomen (hier: Orpheus).
Die Partizipialkonstruktion mit einem Partizip Präsens Aktiv ist eine satzwertige Konstruktion.

Orpheus *carmina pulchra canens* animas mortuorum movit.
Schöne Lieder singend beeindruckte Orpheus die Seelen der Toten.

Da das Partizip Präsens eine aktive Form ist, können nicht nur Adverbialien, sondern auch Objekte (hier: carmina) von ihm abhängen.

b) Satzgliedfunktion

Orpheus carmina pulchra canens
animas mortuorum movit.

Die Partizipialkonstruktion mit einem Partizip Präsens (hier: canens) kann als Attribut (hier: zu Orpheus) oder als Adverbiale (hier: zu movit) aufgefasst werden. Daher sind mehrere Möglichkeiten der Wiedergabe im Deutschen zu bedenken.

c) Übersetzungsmöglichkeiten

Orpheus carmina pulchra canens
animas mortuorum movit.

Als Attribut

- *wörtlich:*
  Schöne Lieder singend beeindruckte Orpheus die Seelen der Toten.
- *mit Relativsatz:*
  Orpheus, der schöne Lieder sang, beeindruckte die Seelen der Toten.

Als Adverbiale

- *mit Adverbialsatz:*
  Orpheus beeindruckte die Seelen der Toten, indem (weil/als) er schöne Lieder sang.

Orpheo carmina pulchra canenti
Eurydica reddita non est.
Obwohl Orpheus schöne Lieder sang,
wurde ihm Eurydike nicht zurückgegeben.

Gelegentlich erfordert der Sinn einen Adverbialsatz mit der Subjunktion ‘obwohl’.

d) Zeitverhältnis

Das **Partizip Präsens Aktiv** zeigt an, dass das im Participium coniunctum ausgedrückte Geschehen gleichzeitig mit dem des Prädikats abläuft; es bezeichnet also die **Gleichzeitigkeit.**

Achte zunächst immer darauf, welche Wörter zu der Partizipialkonstruktion gehören. Ähnlich wie beim AcI werden auch beim Participium coniunctum Adverbialien und Objekte vom Bezugswort und vom Partizip „eingerahmt“, z. B.:
Orpheus carmina pulchra *canens*
animas mortuorum movit.

140 Partizip Perfekt Passiv (PPP)

a) laudā-**tus** (gelobt) ā-Konjugation
delē-**tus** (zerstört) ē-Konjugation
audī-**tus** (gehört) ī-Konjugation

Bei einer Vielzahl von Verben (vor allem mit v-Perfekt) wird das PPP gebildet, indem **-tus, a, um** an den Präsensstamm angefügt wird.

b) Manchmal werden allerdings der Stamm oder die Fugenstelle lautlich verändert:

Infinitiv	Präsensstamm	Perfektstamm	PPP
monēre	monē-	monu-	mon**i**tus
colligĕre	collig-	collēg-	coll**ēc**tus
vincĕre	vinc-	vīc-	vi**c**tus
claudĕre	claud-	claus-	clau**s**us

Bei solchen Verben muss man sich neben dem Infinitiv Präsens, der 1. Pers. Sg. Präs. Akt. und Perf. Akt. das PPP als vierte Form merken.
Diese vier Formen, die sogenannten **Stammformen**, sind die Grundlage für alle Formen, die von einem Verb gebildet werden können.

Beispiel: **agĕre** **agō** **ēgī** **āctum**

c) hostis victus — hostes victi
der besiegte Feind — die besiegten Feinde

Das PPP wird dekliniert wie die Adjektive der a- und o-Deklination. Es ist mit seinem Bezugswort nach der KNG-Regel kongruent (▶ 71).

§ 141 Verwendung des Partizip Perfekt Passiv

a) Das PPP als Participium coniunctum

Europa timore *capta* clamavit.
Die von Angst *ergriffene* Europa schrie.

Das PPP (hier: capta) steht in KNG-Kongruenz zu einem Nomen des Satzes (hier: Europa); meistens bezieht es sich auf das Subjekt oder das Objekt. Wegen dieser „Einbettung" in das Satzganze wird es als **Participium coniunctum** (verbundenes Partizip) bezeichnet. Es wird oft durch Adverbialien (hier: timore) ergänzt.

b) Das Participium coniunctum als satzwertige Konstruktion

Europa clamavit: *A Iove capta est.*
Europa schrie: *Sie wurde von Jupiter ergriffen.*

Europa *a Iove capta* clamavit.
Die *von Jupiter ergriffene* Europa schrie.

Wie den AcI (▶ *135*) kann man auch das Participium coniunctum (hier mit PPP) als einen eigenständigen Aussagesatz verstehen, der in einen anderen Satz „eingebettet" wurde. Deshalb bezeichnet man das Participium coniunctum als **satzwertige Konstruktion**.

Diese Partizipialkonstruktion ist im Lateinischen sehr beliebt, da sie auf engem Raum viele Informationen liefern kann.

c) Satzgliedfunktion

Europa a Iove capta clamavit.

Die Partizipialkonstruktion a Iove capta kann als Attribut (zu Europa) oder Adverbiale (zu clamavit) aufgefasst werden.
Der Bezug und ggf. die Sinnrichtung der Partizipialkonstruktion sind also nicht festgelegt und müssen vom Leser aus dem Kontext erfasst werden.
Daher gibt es manchmal mehrere richtige Möglichkeiten der Wiedergabe.

d) Übersetzungsmöglichkeiten

Europa a Iove capta clamavit.

Als Attribut

- *wörtlich:*
  Die von Jupiter ergriffene Europa schrie.
- *mit Relativsatz:*
  Europa, die von Jupiter ergriffen worden war, schrie.

Als Adverbiale

- *mit Adverbialsatz:*
  Europa schrie, weil (nachdem) sie von Jupiter ergriffen worden war.

Bei der Übersetzung ist immer zu prüfen, ob das Participium coniunctum als Adverbiale aufzufassen ist und wie ggf. die Sinnrichtung des Partizips durch eine treffende Subjunktion deutlich gemacht werden kann.

e) Zeitverhältnis

Das **PPP** zeigt an, dass das im Participium coniunctum ausgedrückte Geschehen vor dem des Prädikats stattgefunden hat; es bezeichnet also die **Vorzeitigkeit**.

142 Partizip Futur Aktiv

vocā-**tūrus**	einer, der rufen wird/will	vic-**tūrus**	einer, der siegen wird/will
moni-**tūrus**	einer, der mahnen wird/will	mis-**sūrus**	einer, der schicken wird/will

Beim Partizip Futur Aktiv tritt **-turus, a, um** an den gleichen Wortstamm, mit dem auch das PPP gebildet wird (▶ *140*).

Der Stamm oder die Fugenstelle können also lautlich verändert werden.

143 Verwendung des Partizip Futur Aktiv

a) Das Partizip Futur Aktiv als Participium coniunctum

Orpheus uxorem *repetiturus* ad Plutonem venit.
Orpheus, der seine Frau zurückverlangen wollte, kam zu Pluto.

Wie das PPP und das Partizip Präsens Aktiv steht auch das Partizip Futur (hier: repetiturus) als Participium coniunctum in Kongruenz zu einem Bezugswort (hier: Orpheus).

Von einem Partizip Futur können Adverbialien und Objekte (hier: uxorem) abhängen.

b) Satzgliedfunktion

Wie die anderen Partizipien kann das Partizip Futur als Attribut oder Adverbiale aufgefasst werden.
Das Partizip Futur tritt jedoch auch als Prädikatsnomen (bei Formen von esse) auf.
Entsprechend der Satzgliedfunktion gibt es unterschiedliche Möglichkeiten, das Partizip Futur im Deutschen wiederzugeben.

c) Übersetzungsmöglichkeiten

Orpheus uxorem *repetiturus* ad Plutonem venit.

Als Attribut

- *mit Relativsatz:*
  Orpheus, der seine Frau zurückverlangen *wollte*, kam zu Pluto.

Als Adverbiale

- *mit Adverbialsatz:*
  Orpheus kam zu Pluto, weil er seine Frau zurückverlangen *wollte*.
- *mit 'um ... zu' m. Inf.:*
  Orpheus kam zu Pluto, *um* seine Frau *zurückzuverlangen*.

Orpheus uxorem *repetiturus erat.*

Als Prädikatsnomen

- *mit 'wollen' m. Inf.:*
  Orpheus *wollte* seine Frau *zurückverlangen*.

Da das Partizip Futur eine Absicht ausdrückt, wird es im Deutschen meist mit einer Form von 'wollen' wiedergegeben.
Das Partizip Futur bei Formen von esse dient der Umschreibung des Futurs; es bezeichnet wie das englische 'to be going to' eine in nächster Zukunft beabsichtigte Handlung.

d) Zeitverhältnis

Das **Partizip Futur** zeigt an, dass das im Participium coniunctum ausgedrückte Geschehen *nach* dem des Prädikats stattfinden wird (soll); es bezeichnet also die **Nachzeitigkeit**.

144 Partizipien der Deponentien

Partizip Präsens	hortā-**ns**	auffordernd
Partizip Perfekt	hortā-**tus**	einer, der aufgefordert hat
Partizip Futur	hortā-**tūrus**	einer, der auffordern wird

145 Verwendung des Part. Perf. der Deponentien

Magister discipulum hortatus grammaticam explicat.
(Den Schüler ermahnt habend, erklärt der Lehrer die Grammatik.)
Nachdem er den Schüler ermahnt hat, erklärt der Lehrer die Grammatik.
Der Lehrer ermahnt den Schüler und erklärt dann die Grammatik.

Das Partizip Perfekt bezeichnet die Vorzeitigkeit; zur Wiedergabe im Deutschen kann man einen Gliedsatz oder die Beiordnung wählen.

Caesar veritus, ne occasio omitteretur, statim profectus est.
(Fürchtend, dass die Gelegenheit versäumt werde, brach Cäsar sofort auf.)
Cäsar brach aus Furcht, die Gelegenheit zu versäumen, sofort auf.
Cäsar fürchtete, die Gelegenheit zu versäumen, und brach daher sofort auf.

Das Partizip Perfekt der Deponentien kann allerdings auch die Gleichzeitigkeit ausdrücken; häufig kommen z. B. vor:

veritus	aus Furcht
arbitratus, ratus	in der Meinung

Grammadux fasst zusammen: Partizipien

Gr. Nachdem du alle drei Partizipien kennengelernt hast, will ich versuchen, dir einen Überblick über diese Gegend mit allen Hindernissen, Straßen und Brücken zu geben, d.h. ich möchte dir die Bedeutungen und die vielfältigen Arten der Übersetzung von Partizipien zusammenfassend erläutern. Zunächst will ich dich daran erinnern, dass die drei Arten von Partizipien drei verschiedene Zeitverhältnisse bezeichnen.

➤ Das weiß ich doch: Das PPP die Vorzeitigkeit, das Partizip Präsens die Gleichzeitigkeit und das Partizip Futur die Nachzeitigkeit.

Gr. Na prima. Dann will ich gleich weitermachen und dir zunächst alles an einem einfachen Beispielsatz mit einem PPP demonstrieren:
Orpheus amore motus in Tartarum venit.

➤ Den Satz kann ich wirklich auch ohne deine Hilfe übersetzen! Hast du nichts Besseres zu bieten als schon wieder diese traurige story?

Gr. Ich habe dir doch gesagt, dass ich absichtlich einen einfachen Satz als Beispiel nehme.
Zunächst musst du immer die Partizipialkonstruktion erkennen, d.h. feststellen, auf welches Nomen sich das Partizip bezieht und welche Adverbialien und/oder Objekte davon abhängen. In diesem Satz ist das wohl keinerlei Problem für dich.

➤ Alles klar: Das PPP motus gehört zu dem Bezugsnomen Orpheus und wird durch das Adverbiale amore näher bestimmt.

Gr. Ausgezeichnet. Für die Übersetzung stehen dir dann fünf verschiedene Möglichkeiten zur Verfügung.

➤ Fünf?

Gr. Ja, fünf. Zwei könnten neu für dich sein, aber vielleicht hast du sie auch schon im Unterricht verwendet. Also, schau her:

1. *wörtliche Wiedergabe:*	Von Liebe bewegt, ging Orpheus in die Unterwelt.
2. *Relativsatz:*	Orpheus, der von Liebe bewegt wurde, ging in die Unterwelt.
3. *Adverbialsatz:*	Weil Orpheus von Liebe bewegt wurde, ging er in die Unterwelt.
4. *Präpositionalausdruck:*	Aus Liebe ging Orpheus in die Unterwelt.
5. *Beiordnung (mit einem Adverb, das die Sinnrichtung angibt):*	Orpheus wurde von Liebe bewegt und ging deshalb in die Unterwelt.

➤ Und was soll ich jetzt immer nehmen?

Gr. Das kann ich dir nicht sagen. Du musst jedes Mal neu entscheiden, was am besten passt. Eines ist aber sicher: Bei der wörtlichen Übersetzung und der Wiedergabe mit einem Relativsatz ist die Sinnrichtung im Deutschen nicht festgelegt. Bei den drei anderen Möglichkeiten solltest du dir dagegen zunächst über die Sinnrichtung klarwerden, die im Deutschen zum Ausdruck gebracht werden soll.

➤ Wäre es dann nicht einfacher, auf diese drei Möglichkeiten zu verzichten?

Gr. Einfacher vielleicht schon, aber nicht möglich. Eine wörtliche Übersetzung geht oft gar nicht, und ein Relativsatz ist häufig auch keine gute Lösung. Die römischen Autoren haben nämlich ihren Lesern eigenes Denken zugemutet und die Sinnrichtung bei einem Partizip meist sprachlich nicht ausgedrückt. Daher müssen wir den logischen Zusammenhang erst ermitteln und dann im Deutschen richtig wiedergeben.

➤ Also gut. Mach bitte weiter.

Gr. Ich zeige dir nun zusammen mit den verschiedenen Sinnrichtungen gleich, mit welchen Subjunktionen (im Adverbialsatz), Präpositionen (im Präpositionalausdruck) oder Adverbien (in der Beiordnung) du sie ausdrücken kannst.

Sinnrichtung	*Adverbialsatz*	*Präpositional-ausdruck*	*Beiordnung*
temporal – vorz.	nachdem, als	nach	(und) dann
temporal – gleichz.	während, als	während, bei	(und) dabei
kausal	weil, da	wegen	(und) deshalb
kondizional	wenn, falls	im Falle	———————
konzessiv	obwohl, wenn auch	trotz	(aber) trotzdem (aber) dennoch
modal	indem	bei, durch	(und) so

➤ Die finale Sinnrichtung hast du wohl nicht mit aufgeführt, weil sie nur beim Partizip Futur vorkommt?

Gr. Ja, das ist ein Sonderfall. Sonst noch Fragen?

➤ Temporal und kausal ist mir völlig klar, aber könntest du mir noch Beispiele für die anderen Sinnrichtungen vorführen?

Gr. Selbstverständlich. Hier bitte:

Pluto Orpheo dixit: Tibi oculos non flectenti uxorem reddam.
Pluto sagte zu Orpheus: Ich werde dir deine Frau zurückgeben, wenn du die Augen nicht umwendest.

Orpheus uxorem sibi redditam non ad lucem duxit.
Orpheus führte seine Frau nicht ans Licht, obwohl sie ihm zurückgegeben worden war.

Pulchre canens Orpheus etiam animas mortuorum movit.
Indem er schön sang, beeindruckte Orpheus sogar die Seelen der Toten.

➤ Du hast die Partizipien hier also kondizional, konzessiv und modal aufgefasst.

Gr. Genau in dieser Reihenfolge!

§ 146 Ablativus absolutus

a) Erscheinungsform und Übersetzung

Hostibus appropinquantibus
cives portas clauserunt.
Als (weil) die Feinde sich näherten,
schlossen die Bürger die Tore.

Hostibus pulsis omnes laeti erant.
Nachdem (als) die Feinde vertrieben waren,
waren alle froh.

Ablativus absolutus (Abl. abs.) ist die Bezeichnung für eine häufige Konstruktion, bei der ein Nomen im Ablativ mit einem PPP oder einem Partizip Präsens eine sprachliche Einheit bildet. Die beiden Teile stehen in KNG-Kongruenz(▶ *71*).
Der Abl. abs. kann durch einen Adverbialsatz (z.B. mit 'als, nachdem, weil') wiedergegeben werden; die jeweilige Sinnrichtung muss aus dem Kontext erschlossen werden.

b) Zeitverhältnis

Wie beim Participium coniunctum bezeichnet das **PPP** die **Vorzeitigkeit**, das **Partizip Präsens** die **Gleichzeitigkeit**.

c) Der Ablativus absolutus als satzwertige Konstruktion

Hostes oppido celeriter *appropinquabant.*
Cives portas clauserunt.
Die Feinde näherten sich schnell der Stadt.
Die Bürger schlossen die Tore.

Hostibus oppido celeriter *appropinquantibus*
cives portas clauserunt.
Als sich die Feinde schnell der Stadt *näherten,* schlossen die Bürger die Tore.

Man kann den Abl. abs. als eigenständigen Aussagesatz verstehen, der als satzwertige Konstruktion in einen anderen Satz hineingenommen wurde. Von dem Partizip (hier: appropinquantibus) können Adverbialien (hier: celeriter) und Objekte (hier: oppido) abhängen.

d) Satzgliedfunktion

Der Abl. abs. hat immer die Satzgliedfunktion des Adverbiales. Im Gegensatz zum Participium coniunctum ist das Nomen im Ablativ, auf das sich das Partizip bezieht, nicht in den Satz eingebettet; man spricht daher von einer „losgelösten" (absoluten) Konstruktion.

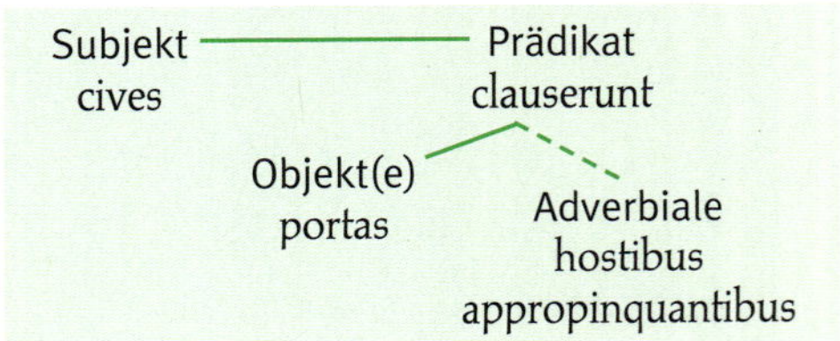

e) Sinnrichtungen

Hostibus pulsis omnes cives laeti erant.

temporal:
Als (nachdem) die Feinde vertrieben waren, waren alle Bürger froh.
kausal:
Weil die Feinde vertrieben waren, waren alle Bürger froh.

Hostibus pulsis oppidum tamen tutum non erat.

konzessiv:
Obwohl die Feinde vertrieben worden waren, war die Stadt dennoch nicht sicher.

Neben der temporalen und kausalen hat der Abl. abs. manchmal konzessive Sinnrichtung. Sie wird oft durch ein entsprechendes „Signalwort" (tamen) deutlich gemacht.
Modale (z.B. 'wobei ...') und kondizionale (z.B. 'falls ...') Sinnrichtung sind selten.

f) Übersetzungsmöglichkeiten

Hostibus pulsis oppidum (tamen) tutum non erat.

Adverbialsatz:
Obwohl die Feinde vertrieben worden waren, war die Stadt (dennoch) nicht sicher.

Präpositionalausdruck:
Trotz der Vertreibung der Feinde war die Stadt nicht sicher.

Beiordnung:
Die Feinde waren vertrieben worden; trotzdem war die Stadt nicht sicher.

Eine wörtliche Übersetzung des Abl. abs. ist nicht möglich.

Beachte die folgenden häufigen Wendungen im Ablativus absolutus:

- his (quibus) rebus cognitis
  nachdem dies bekanntgeworden war
  nach Bekanntwerden dieser Umstände
- hac oratione habita
  nachdem diese Rede gehalten worden war
  nach dieser Rede
- eo (quo) facto
  nachdem dies geschehen war
  aufgrund dieser Tatsache
  danach, hierauf
- bello confecto
  nach Beendigung des Krieges
- ea re nuntiata
  auf diese Meldung hin
- Caesare imperante
  unter dem Kommando (Oberbefehl) Cäsars
- nullo resistente
  wobei (weil) niemand Widerstand leistete
  ohne dass jemand Widerstand leistete
  ohne jeden Widerstand
- facultate data
  da sich die Gelegenheit bot
- sole oriente
  bei Sonnenaufgang (Tagesanbruch)

g) Nominale Wendungen

Hannibale duce
unter der Führung Hannibals

In einigen Wendungen tritt beim Abl. abs. an die Stelle des Partizips ein Substantiv oder Adjektiv. Das Partizip fehlt, weil esse kein Partizip bildet. Bei der Wiedergabe im Deutschen verwendet man meistens Präpositionalausdrücke.
Solche Wendungen sind z. B.:

Augusto imperatore	unter Kaiser Augustus, als Augustus Kaiser war
Cicerone consule	unter dem Konsulat Ciceros
Caesare auctore	auf Veranlassung Cäsars
patre vivo	zu Lebzeiten des Vaters
parentibus invitis	gegen den Willen der Eltern
te praesente (absente)	in deiner Anwesenheit (Abwesenheit)

In diesen Fällen bezeichnet der Abl. abs. meist die Gleichzeitigkeit.

Der Abl. abs., der häufig am Satzanfang steht, ist mit einiger Übung leicht zu erkennen. Voraussetzung ist freilich eine präzise Formenkenntnis.
Lege dich aber nicht zu früh fest und rechne immer auch mit anderen Möglichkeiten!

Auf einen Satzanfang hostibus appropinquantibus kann z. B. auch rex praeerat ('ein König stand an der Spitze') folgen; in diesem Fall ist hostibus appropinquantibus Dativobjekt zu praeerat:
Hostibus appropinquantibus rex praeerat.
Ein König stand an der Spitze der herannahenden Feinde.

Beachte auch beim Abl. abs. die „geschlossene" (einrahmende) Wortstellung:
Hostibus oppido celeriter *appropinquantibus*

nd-Formen

147 Gerundium

Nom.	vocāre	rufen (das Rufen)		ā-Konjugation
Gen.	voca-**nd**-ī	des Rufens		
Dat.	voca-**nd**-ō	dem Rufen		
Akk.	ad voca-**nd**-um	zum Rufen		
Abl.	voca-**nd**-ō	durch Rufen		

monē-re	mone-**nd**-ī	usw.	ē-Konjugation
audī-re	audi-e-**nd**-ī	usw.	ī-Konjugation
ag-ĕ-re	ag-e-**nd**-ī	usw.	kons.
capĕ-re	capi-e-**nd**-ī	usw.	Konjugation

Wie im Deutschen und Englischen kann man auch im Lateinischen Verben zu Substantiven machen und deklinieren. Für den Nominativ gibt es im Lateinischen keine eigene Form, stattdessen wird der Infinitiv verwendet. Die Verwendung des Infinitivs statt eines substantivierten Verbs ist auch im Deutschen und Englischen möglich:

Infinitiv:	substantiviertes Verb:
Es macht Spaß *zu lesen.*	*(Das) Lesen* macht Spaß.
To read is fun.	*Reading is fun.*
Legere delectat.	—

Die anderen Kasus des Gerundiums werden dadurch gebildet, dass an den Präsensstamm der Verben (der bei der ī- und kons. Konjugation durch den Bindevokal -e- erweitert wird) **-nd-** angefügt wird, worauf die Kasusendungen der o-Deklination folgen.

148 Verwendung des Gerundiums

a) Erscheinungsform

Occasio discendi tibi est.
Du hast die Gelegenheit zu lernen.

Studiosus discendi es.
Du bist eifrig bemüht zu lernen.

Liberi ad discendum conveniunt.
Die Kinder kommen zum Lernen zusammen.

Der Genitiv des Gerundiums kommt nach bestimmten Substantiven (z.B. occasio, spes) und Adjektiven (z.B. studiosus) vor. Der Akkusativ steht nur nach der Präposition ad; der Dativ ist selten.

Occasio libros in bibliotheca legendi tibi est.
Du hast die Gelegenheit, die Bücher in der Bibliothek zu lesen.

Wie das Partizip weist auch das Gerundium Eigenschaften des Verbs auf und kann deshalb Objekte und adverbiale Bestimmungen bei sich haben. Ein erweitertes Gerundium ist als satzwertige Konstruktion aufzufassen.

b) Satzgliedfunktion

Das Gerundium kann verschiedene Satzgliedfunktionen wahrnehmen, z. B. steht es im Ablativ oder im Präpositionalausdruck als Adverbiale, im Genitiv als Attribut.

Liberi ad discendum conveniunt.

Subjekt — Prädikat
Liberi — conveniunt
Adverbiale
ad discendum

Occasio discendi tibi est.

Subjekt — Prädikat
Occasio — est
Attribut — tibi
discendi — (Präd. nom.)

c) Übersetzungsmöglichkeiten

occasio libros legendi
die Gelegenheit, Bücher zu lesen
die Gelegenheit zum Lesen von Büchern

Das Gerundium kann mit einem Infinitiv oder einem Substantiv wiedergegeben werden.

ad discendum convenire
zusammenkommen *zum* Lernen
(um zu lernen)

in discendo proficere
beim Lernen Fortschritte machen

Für die Übersetzung von nd-Formen nach Präpositionen gilt folgende Regel:

- ad und nd-Form: ‘zu/zur/zum’ und Substantiv
- in und nd-Form: ‘bei/beim’ und Substantiv.

149 Gerundivum

liber legen**d**us	librī legen**d**ī
ein Buch, das gelesen wird	Bücher, die gelesen werden
(gelesen werden soll)	(gelesen werden sollen)
ein lesenswertes Buch	lesenswerte Bücher

Das Gerundivum kann alle Formen eines Adjektivs (der a- und o-Deklination) bilden.
Es wird ebenso wie das Gerundium mit **-nd-** gebildet.

150 Attributives Gerundivum

a) Erscheinungsform und Übersetzung

Das attributive Gerundivum kann – wie ein Adjektiv – in allen Kasus vorkommen und stimmt nach der KNG-Regel mit einem Bezugsnomen überein. Der Nominativ ist selten.

Nominativ:

liber legendus
ein Buch, das gelesen wird
ein Buch, das gelesen werden soll
ein lesenswertes Buch

Genitiv:

Mihi occasio libri legendi data non est.
Ich hatte keine Gelegenheit zum Lesen des Buches.

Libri legendi cupidus sum.
Ich bin neugierig darauf, das Buch zu lesen.

Dativ:

Libro legendo operam dedi.
Ich habe auf das Lesen des Buches Mühe verwandt.

Akkusativ (nach Präp.):

Hic locus ad librum legendum aptus non est.
Dies ist kein passender Platz, um ein Buch zu lesen.

Ablativ:

Libro legendo multa didici.
Durch die Lektüre des Buches habe ich viel gelernt.

Ablativ (nach Präp.):

In libro legendo saepe ridebam.
Bei der Lektüre des Buches lachte ich häufig.

Wie die Beispiele zeigen, ist eine wörtliche Übersetzung des Gerundivs meist nicht möglich. Bei der Wiedergabe im Deutschen verwendet man oft Substantive oder Infinitivkonstruktionen.
Ein attributives Gerundivum im Nominativ kann durch Adjektive auf '-wert' oder '-lich' wiedergegeben werden, z. B.:

legendus	lesenswert
non ferendus	unerträglich

Bei der Wiedergabe der anderen Kasus wird oft die Gerundivform im Deutschen zu einem Substantiv, von dem dann das Bezugswort abhängt, z. B.:

libro legendo
durch die Lektüre des Buches

b) Das attributive Gerundivum als satzwertige Konstruktion

Librum legi: multa didici.
Ich habe das Buch gelesen.
Ich habe (dadurch) viel gelernt

Librum legendo multa didici. (Gerundium)
Libro legendo multa didici. (attrib. Gerundivum)

Durch die Lektüre des Buches
habe ich viel gelernt.

Man kann ein attributives Gerundivum mit Bezugsnomen ebenso wie das erweiterte Gerundium als eigenständigen Aussagesatz verstehen, der als satzwertige Konstruktion in einen anderen Satz „eingebettet" wurde. Beide Konstruktionen haben die gleiche Bedeutung und können in gleicher Weise übersetzt werden.

c) Satzgliedfunktion

Auch das attributive Gerundivum mit Beziehungsnomen kann verschiedene Satzgliedfunktionen wahrnehmen, z B. steht es im Genitiv als Attribut, im Ablativ oder Präpositionalausdruck als Adverbiale.

151 Prädikatives Gerundivum

a) Erscheinungsform und Übersetzung

Hic *liber legendus est.*
Dieses Buch *muss* gelesen werden.
Dieses Buch *ist zu lesen.*

Hi *libri legendi non sunt.*
Diese Bücher *dürfen nicht* gelesen werden.

Das prädikative Gerundivum gehört zum Prädikat und bezeichnet eine Handlung, die ausgeführt werden muss/soll bzw. nicht ausgeführt werden darf. nd-Formen transitiver Verben stehen dabei mit ihrem Bezugswort in KNG-Kongruenz, d.h. sie werden „persönlich" konstruiert.

Parend*um* est.
(Es muss gehorcht werden.)
Man muss gehorchen.

Fato parend*um* est.
Man muss dem Schicksal gehorchen.

Wird das Gerundiv ohne ein Bezugswort verwendet, so steht es im Neutrum Singular, d.h. es wird „unpersönlich" konstruiert.
Eine Ergänzung steht in dem Kasus, den das Verb auch sonst erfordert (hier: Dativ nach parēre).

b) Dativus auctoris

Hic liber *tibi* legendus est.
Du musst dieses Buch lesen.

Die Person, von der die Handlung ausgeführt werden muss/soll, steht im Dativus auctoris (Dativ des Urhebers).

▶ *20* Dativ des Urhebers

c) Satzgliedfunktion

Hic liber *legendus est.*
Dieses Buch muss gelesen werden.

Librum tibi *legendum do.*
Ich gebe dir das Buch zum Lesen.

Bei Formen von esse steht das Gerundivum als Prädikatsnomen.
Bei manchen Verben (v.a. übergeben, schicken, übernehmen) steht das Gerundivum auch als Prädikativum; es drückt den Zweck der Handlung aus ('zum', 'zur', 'zu'...).

d) Gerundivum im AcI

Omnes putant liberos erudiendos esse.
Alle glauben, dass man Kinder erziehen muss.

Scimus iniuriae resistendum esse.
Wir wissen, dass man sich dem Unrecht widersetzen muss.

Das prädikative Gerundiv tritt häufig im AcI auf; auch dabei kann es persönlich oder unpersönlich konstruiert werden.

152 nd-Formen der Deponentien

Ante certamen athletae *hortandi sunt:*
„Nunc officio vobis *fungendum,* vi autem *utendum non est.*
Postea occasio otio *fruendi* vobis dabitur."

Vor dem Wettkampf müssen die Sportler ermahnt werden:
„Jetzt müsst ihr euere Pflicht tun, Gewalt dürft ihr aber nicht anwenden.
Später wird euch Gelegenheit gegeben werden, die Ruhe zu genießen."

Gerundivum und **Gerundium** der Deponentien unterscheiden sich in Form und Funktion nicht von den nd-Formen der aktiven Verben.

Supinformen

153 Supin auf -um

Mane servi imperatorem *salutatum* veniebant.
Am Morgen kamen die Sklaven, *um* den Kaiser *zu begrüßen*.

Das Supin auf **-um**, das nach Verben der Bewegung (z.B. mittere, venire, ire) gelegentlich vorkommt, bezeichnet die Absicht bzw. den Zweck.

154 Supin auf -ū

Pleraque faciliora sunt *dictu* quam *factu.*
Das meiste ist leichter *zu sagen* als *zu tun.*

Das Supin auf **-ū** kommt nur bei einigen Adjektiven (z.B. facilis, difficilis, iucundus, dulcis) als verbale Ergänzung vor.

Für das Übersetzen der Supinformen kannst du dir einen einfachen Merkvers einprägen:

Supin gibt's auf -um, Supin gibt's auf -u,
übersetzt wird es immer „um zu" oder „zu".

155 Adverbbildung

a) Es gibt Wörter, die nur als Adverbien vorkommen (z. B. nunc, cras, saepe).

b) Die meisten Adverbien werden aus Adjektiven gebildet:

praeclar-**ē**	ausgezeichnet
celer-**iter**	schnell
sapient-**er**	weise

Folgende Endungen treten auf:

– bei Adjektiven der a- und o-Deklination **-ē** ,

– bei Adjektiven der 3. Deklination -iter **-iter** ;

endet der Wortstamm auf -nt, wird nur **-er** angefügt.

Bei manchen Adjektiven der 3. Deklination ist der Wortstamm, mit dem die Adverbien gebildet werden, nicht am Nom. Sg. des Adjektivs zu erkennen, z. B. acr-iter zu acer, felic-iter zu felix, audac-ter zu audax.

Die Formen des Adverbs werden nicht gebeugt.

156 Adverb als Adverbiale

equus celer
das schnelle Pferd

Equus celer est.
Das Pferd ist schnell.

Equus celer**iter** currit.
Das Pferd läuft schnell.

Während das Adjektiv als Attribut (▶ 72) oder Prädikatsnomen (▶ 73) ein Substantiv näher bestimmt, informiert das **Adverb** über die näheren Umstände des Verbalinhalts (Ad-verb).

Adverbien haben die Satzgliedfunktion des Adverbiales. Sie sind keine notwendigen Bestandteile des Satzes.

Von Adjektiven abgeleitete Adverbien geben gewöhnlich an, *wie* etwas geschieht.
Wir fragen „auf welche Art und Weise?“.

Subjekt —— Prädikat
Equus currit

Adverbiale
celeriter

Andere Adverbialien – wie ein Gliedsatz oder ein Präpositionalausdruck – können Aufschluss über Ort, Zeit oder Grund eines Geschehens geben.

157 Steigerung der Adverbien

Komparativ

a) celer-iter	schnell	*celer-**ius***	schneller

Der Komparativ des Adverbs wird mit **-ius** gebildet.

b) diu	lange	*diutius*	länger
saepe	oft	*saepius*	öfter

Es gibt auch einige Adverbien, die gesteigert werden, obwohl es keine entsprechenden Adjektivformen gibt.

c) magnopere	sehr	*magis*	mehr
multum	viel	*plus*	mehr

Einige Adverbien haben unregelmäßige Steigerungsformen.

Superlativ

a) celer-iter	celer-ius	*celerrim-**e***	*am schnellsten*

Der Superlativ des Adverbs wird mit **-ē** gebildet.

b) saepe	saepius	*saepissime*	sehr oft
magnopere	magis	*maxime*	am meisten
multum	plus	*plurimum*	am meisten

Superlativformen werden auch zu den unregelmäßigen Komparativformen gebildet (▶ *75d*).

c) quam celerrime — möglichst schnell

Bei einem Superlativ bedeutet quam 'möglichst'.

▶ *75* Adjektive: Steigerung

158 Präpositionen (Übersicht)

Im Deutschen steht nach einer **Präposition** (einem Verhältniswort) meistens der Dativ oder der Akkusativ, im Lateinischen steht der Akkusativ oder der Ablativ. Präpositionen werden wortschatzmäßig gelernt.

Wichtige Präpositionen:

ad	*m. Akk.*	zu, zu … hin, bei
ante	*m. Akk.*	vor
apud	*m. Akk.*	bei
contra	*m. Akk.*	gegen
extra	*m. Akk.*	außerhalb
inter	*m. Akk.*	zwischen; unter
per	*m. Akk.*	durch, hindurch
post	*m. Akk.*	nach; hinter
a/ab	*m. Abl.*	von, von … her, von … aus
cum	*m. Abl.*	mit, zusammen mit
de	*m. Abl.*	von, von … herab, von … her; über
e/ex	*m. Abl.*	aus … heraus, von … aus, von … an; infolge
pro	*m. Abl.*	vor, für, anstelle, im Verhältnis (zu)
sine	*m. Abl.*	ohne
in	*m. Akk.*	in, auf, gegen (*wohin?*)
	m. Abl.	in, auf, an (*wo?*)
sub	*m. Akk.*	unter (*wohin?*)
	m. Abl.	unter (*wo?*)

159 Ortsangaben mit Präpositionen

Senator in curiam properat.
Der Senator eilt in das Rathaus.
(*wohin?*)

Senator in curia sedet.
Der Senator sitzt im Rathaus.
(*wo?*)

Senator e curia discedit.
Der Senator geht aus dem Rathaus (weg).
(*woher?*)

Nach Präpositionen gibt der Akkusativ oft die Richtung an (*wohin?*), der Ablativ den Ort (*wo?*) oder den Ausgangspunkt (*woher?*).

160 Präpositionalausdruck als Adverbiale

Senator *ad forum* properat.
Der Senator eilt *zum Forum.*

Ein Satz kann neben den Satzgliedern Subjekt, Prädikat und Objekt noch weitere Angaben enthalten, die z. B. über Ort, Zeit oder Grund des Geschehens informieren. Eine solche zusätzliche Angabe nennt man **Adverbiale** (Umstandsbestimmung).

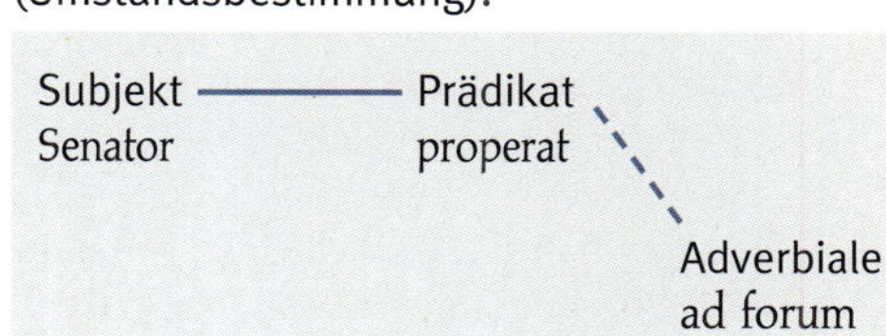

Hier steht ein Präpositionalausdruck (ad forum) als Adverbiale.

161 Konjunktionen (Übersicht)

Konjunktionen (beiordnende Bindewörter) verbinden – wie im Deutschen und Englischen – einzelne Wörter, gleichartige Satzglieder oder Hauptsätze miteinander, z. B.:

et, -que	und
etiam, quoque	auch
neque, nec	und nicht, auch nicht
aut	oder
sed, autem	aber
tamen	dennoch, trotzdem
nam, enim	denn, nämlich
et … et	sowohl … als auch
neque … neque, nec … nec	weder … noch
aut … aut	entweder … oder
non solum (modo) …, sed etiam	nicht nur …, sondern auch

162 Satzreihe

a) Nox erat. Omnes dormiebant.
Es war Nacht. Alle schliefen.

In einem Text können mehrere Hauptsätze **unverbunden** nebeneinanderstehen.

b) Nox erat et omnes dormiebant.
Es war Nacht, und alle schliefen.
Troiani dormiebant; interea Graeci a litore veniebant.
Die Trojaner schliefen; inzwischen kamen die Griechen von der Küste.

Hauptsätze können durch Konjunktionen (beiordnende Bindewörter, z. B. et, nam, sed), durch Adverbien (z. B. interea) oder durch Pronomina (▶ *66*) zur **Satzreihe** verbunden sein. Die Wörter, die die Satzverbindung herstellen, werden zusammenfassend als Konnektoren bezeichnet.

163 Konnektoren

Eine einfache Aneinanderreihung von Sätzen ergibt in der Regel einen Text. Oft fügt man jedoch **Konnektoren** (Satzverbindungen) ein, die den gedanklichen Zusammenhang und die Abfolge der Handlungen verdeutlichen; dadurch wird der Text leichter verständlich. Solche Konnektoren, zu denen auch die Konjunktionen gehören, können z. B.
- gleichartige Gedanken verbinden, z. B. et … et (sowohl … als auch), neque (und nicht),
- die Handlung zeitlich gliedern, z. B. tum (dann),
- eine Begründung anführen, z. B. nam (denn),
- einen Gegensatz einleiten, z. B. sed (aber), autem (aber),
- für eine bereits genannte Person (oder Sache) stehen, z. B. is (dieser, er); qui (rel. Satzanschluss).

1. Funktion

Während die Konjunktionen die logische Verbindung zwischen Hauptsätzen verdeutlichen, bezeichnen die Subjunktionen die logische Beziehung (die 'Sinnrichtung') des Gliedsatzes zum Hauptsatz.

- *Weil* ich fleißig gelernt hatte, schnitt ich in der Arbeit gut ab.
- *Obwohl* ich fleißig gelernt hatte, schnitt ich in der Arbeit nicht gut ab.

2. Die verschiedenen Sinnrichtungen

Die wichtigsten Sinnrichtungen des adverbialen Gliedsatzes, die sich in der Subjunktion ausdrücken, sind folgende:

Temporal (Angabe der Zeit)
- Gleich *nachdem* das Spiel angepfiffen war, schoss unsere Mannschaft ein Tor.

Kausal (Angabe des Grundes)
- *Weil* Cornelia gerne schwimmt, trifft man sie oft am Strand.

Kondizional (Angabe der Bedingung)
- *Wenn* genügend Schnee fällt, fahren wir zum Skifahren in die Berge.

Konsekutiv (Angabe der Folge)
- Das Tennis-Match war so spannend, *dass* die Zuschauer den Atem anhielten.

Final (Angabe des Zweckes)
- *Damit* ich beim Sportfest gut abschneide, muss ich eifriger trainieren.

Konzessiv (Angabe einer Einräumung)
- *Obwohl* ich tagelang geübt hatte, wurde ich im 100-m-Lauf nur Dritter.

Adversativ (Angabe eines gegensätzlichen Sachverhalts)
- *Während* die gegnerische Mannschaft immer stärker wurde, ließen die Kräfte der Unsrigen nach.

3. Gliedsätze als Subjekt oder Objekt

Meist vertreten die Gliedsätze ein Adverbiale, bisweilen aber auch ein Subjekt oder Objekt:

Subjekt:
- Es kommt manchmal vor, *dass Schüler auch in den Ferien lernen.*

Objekt:
- Die Lehrer verlangen, *dass die Hausarbeiten vollständig erledigt werden.*

164 Subjunktionen (Übersicht)

Subjunktionen (unterordnende Bindewörter) leiten – wie auch im Deutschen und Englischen – Gliedsätze ein. Nach bestimmten Subjunktionen steht das Prädikat des Gliedsatzes im Indikativ, nach anderen im Konjunktiv. Bisweilen hängt vom Modus (bzw. Tempus) des Gliedsatz-Prädikats auch ab, welche konkrete Bedeutung eine Subjunktion hat.

Wichtige Subjunktionen:

antequam	*m. Ind.(Konj.)*	bevor, ehe
cum	*m. Ind.*	(damals) als, als (plötzlich), (immer) wenn;
	m. Konj.	als, nachdem, weil, obwohl, obgleich, während (dagegen)
donec	*m. Ind. (Konj.)*	solange (als), (so lange) bis
dum	*m. Ind. (Konj.)*	solange (als), (so lange) bis
	m. Ind. Präs.	während
etsi, etiamsi	*m. Ind.*	wenn auch, auch wenn
ne	*m. Konj.*	dass nicht, damit nicht
nisi	*m. Ind.*	wenn nicht
postquam	*m. Ind. Pf.*	nachdem
priusquam	*m. Ind. (Konj.)*	bevor, ehe
quamquam	*m. Ind.*	obwohl, obgleich
quamvis	*m. Konj.*	wie sehr auch, obwohl
quia	*m. Ind.*	weil
quod	*m. Ind.*	weil; dass
quodsi	*m. Ind.*	wenn nun, wenn aber
quoniam	*m. Ind.*	weil ja, da ja
quotiens	*m. Ind.*	sooft; jedes Mal, wenn
si	*m. Ind.*	wenn, falls
sin (autem)	*m. Ind.*	wenn aber
ubi (primum)	*m. Ind. Pf.*	sobald
ut	*m. Ind.*	wie
	m. Konj.	dass, sodass, damit

Die genaue Verwendung der Subjunktionen ergibt sich aus ***167–175***.

165 Satzgefüge

Omnes dormiebant, quia nox erat.
Alle schliefen, weil es Nacht war.

Durch die Verwendung von Subjunktionen (unterordnenden Bindewörtern) kann man einen Satz dem anderen unterordnen und so aus Haupt- und Gliedsatz ein **Satzgefüge** formen.

Gliedsätze als Adverbiale

166 Satzgliedfunktion

Puella carmen canit, quod laeta est.
Das Mädchen singt ein Lied, weil es fröhlich ist.

Gliedsätze haben oft die Satzgliedfunktion des Adverbiales. Als Adverbiale könnte im gleichen Satz auch ein Adverb (z. B. saepe), ein Präpositionalausdruck (z. B. in agro) oder ein Ablativ (z. B. vespere) stehen.

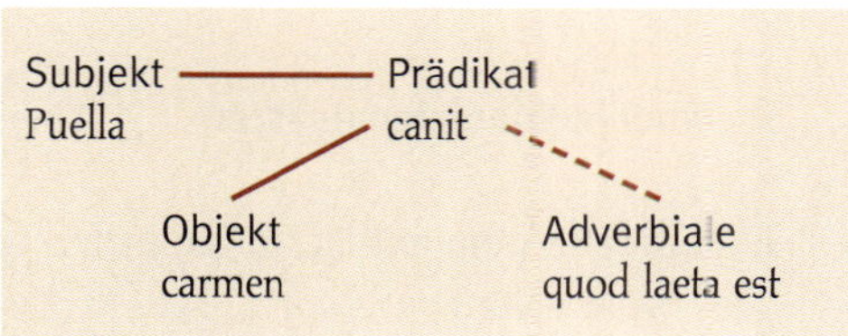

Die Subjunktionen drücken die **Sinnrichtung** des jeweiligen Gliedsatzes aus. Nach den verschiedenen Sinnrichtungen unterscheidet man verschiedene Adverbialsätze, z. B.:

- **Temporalsätze:**
Gliedsätze mit Zeitangaben
(z. B. während …, nachdem …)

- **Kausalsätze:**
Gliedsätze, die einen Grund angeben
(z. B. weil …)

- **Konzessivsätze:**
Gliedsätze, die einen Grund angeben, weshalb das Geschehen im Hauptsatz eigentlich nicht stattfinden könnte oder sollte bzw. nicht hätte stattfinden können oder sollen
(z. B. obwohl …)

- **Kondizionalsätze:**
Gliedsätze, die eine Bedingung enthalten
(z. B. wenn …)

167 Temporalsätze

Postquam Caesar Gallos bello vicit
(Cum Caesar Gallos bello vicisset),
omnis Gallia sub imperio Romanorum erat.

Nachdem (als) Cäsar die Gallier im Krieg besiegt hatte,
war ganz Gallien unter der Herrschaft der Römer.

Vix militibus nuntiatum erat Caesarem redisse, cum ille in castris apparuit.

Kaum hatten die Soldaten die Nachricht erhalten, dass Cäsar zurückgekommen sei, als sich jener plötzlich im Lager zeigte.

Temporalsätze bezeichnen immer das Zeitverhältnis des Gliedsatzes zum übergeordneten Satz. Sie können außerdem vor allem folgende Angaben zur Handlung des übergeordneten Satzes enthalten:

den Zeitpunkt
z. B. (dann,) wenn; damals, als

den Beginn
z. B. als; nachdem; sobald

die Häufigkeit
z. B. sooft, (jedes Mal,) wenn

die Dauer
z. B. solange (als)

den Endpunkt
z. B. (so lange) bis

Indikativische Temporalsätze
werden eingeleitet mit:

cum	damals, als; wenn; als plötzlich
postquam (Ind. Perf.)	nachdem
antequam, priusquam	ehe; bevor
ubi (primum) (Ind. Perf.)	sobald
dum (Ind. Präs.)	während
dum, donec	solange (als); (so lange) bis
quotiens	sooft; jedes Mal, wenn

Konjunktivische Temporalsätze
werden eingeleitet mit:

cum	als, nachdem
antequam, priusquam	ehe; bevor
dum, donec	(so lange) bis

168 Kausalsätze

Multi homines ad rem publicam non accedunt, cum (quod) in otio vivere malint (malunt).
Viele Menschen engagieren sich nicht im Staat, weil sie lieber in Ruhe leben wollen.

Kausale Adverbialsätze nennen den Grund bzw. die Veranlassung für die Aussage des übergeordneten Satzes.

Indikativische Kausalsätze werden eingeleitet mit:

quod/quia	weil
quoniam	weil ja

Konjunktivische Kausalsätze werden eingeleitet mit:

cum	weil
praesertim cum	weil, zumal da

169 Kondizionalsätze

a) Erscheinungsform

Kondizionale Adverbialsätze nennen eine Bedingung bzw. eine Voraussetzung für die Aussage des übergeordneten Satzes. Sie werden eingeleitet mit:

si	wenn, falls (engl. *if*)
nisi	wenn nicht, falls nicht (engl. *if not*)
quodsi	wenn nun, wenn aber
sin (autem)	wenn aber, falls aber

b) Modi in Kondizionalsätzen

Si imperator rem publicam sapienter regit, cives beate vivunt.
Wenn der Kaiser den Staat weise regiert, leben die Bürger glücklich.

Si imperator rem publicam sapienter regat, cives beate vivant.
Wenn der Kaiser den Staat weise regiert(e), dürften die Bürger glücklich leben.

Si imperator rem publicam sapienter regeret, cives beate viverent.
Wenn der Kaiser den Staat weise regierte, würden die Bürger glücklich leben.

Ein **Indikativ** im Kondizionalsatz macht deutlich, dass aus der Sicht des Sprechers die Bedingung tatsächlich eintreten kann.

Die Verwendung des **Konjunktiv Präsens** oder **Perfekt** bedeutet, dass der Sprecher das Eintreten der Bedingung für *möglich* hält. (**Potentialis**)

Verwendet der Sprecher den **Konjunktiv Imperfekt** oder **Plusquamperfekt**, so hält er das Eintreten der Bedingung für *nicht realistisch* (**Irrealis**).

170 Konsekutivsätze

Tantus erat timor, *ut* omnes fugerent.
Die Angst war *so groß*, *dass* alle flohen.

Tantus erat timor, *ut* milites imperatori *non* parerent.
Die Angst war *so groß*, *dass* die Soldaten dem Feldherrn *nicht* gehorchten.

Die Subjunktion **ut** kann – ebenso wie das deutsche 'dass' – **konsekutive** Gliedsätze (Folgesätze) einleiten.
Konsekutivsätze werden mit **non** verneint.
Auf ein konsekutives ut weist im übergeordneten Satz meistens ein „Signalwort" wie ita, tantus o.Ä. hin.
Der Konjunktiv im lateinischen Gliedsatz wird mit deutschem Indikativ wiedergegeben.

171 Finalsätze

Omnes fugiebant,	*ut* se servarent.
Alle flohen,	um sich zu retten (damit sie sich retteten).
Omnes fugiebant,	*ne* perirent.
Alle flohen,	um nicht umzukommen.

Die Subjunktion **ut** kann auch **finale** Gliedsätze (Absichtssätze) einleiten. Verneinte Finalsätze werden mit **ne** eingeleitet.
Im Deutschen wird der Finalsatz eingeleitet durch:

- dass ... (nicht)
- damit ... (nicht)
- um ... (nicht) zu

Der lateinische Konjunktiv wird im Deutschen mit Indikativ (oder Infinitiv) wiedergegeben.

172 Konzessivsätze

Etiamsi miseri sunt (quamvis miseri sint), multi homines spem non amittunt.

Selbst wenn sie (wenn sie auch noch so) unglücklich sind, geben viele Menschen die Hoffnung nicht auf.

Konzessivsätze nennen einen Grund gegen die Aussage des übergeordneten Satzes, die dennoch gültig bleibt.

Indikativische Konzessivsätze werden eingeleitet mit:

quamquam	obwohl, obgleich
etiamsi	wenn auch, selbst wenn

Konjunktivische Konzessivsätze werden eingeleitet mit:

cum	obwohl, obgleich
quamvis	obwohl, wenn auch noch so

173 Adversativsätze

Homines stulti semper aliquid timent, cum homo sapiens liber sit a timore.
Dumme Menschen fürchten immer etwas, während der Weise frei ist von Angst.

Adversativsätze enthalten einen Gegensatz zur Aussage des übergeordneten Satzes.
Sie werden eingeleitet mit:

cum (m. Konj.) während (dagegen)

Gliedsätze als Subjekt

§ 174 Aussagesätze

a) Erscheinungsform

Vitium est, quod saepe rebus parvis studemus.
Es ist ein Fehler, dass wir uns oft um unbedeutende Dinge bemühen.

Saepe evenit, ut rebus parvis studeamus.
Es kommt häufig vor, dass wir uns um unbedeutende Dinge bemühen.

Abhängige Aussagesätze werden eingeleitet mit:

quod (non)	mit Indikativ	dass (nicht)
ut (non)	mit Konjunktiv	dass (nicht)

Die folgenden Wendungen treten häufiger auf:

bene (male) fit (accidit), quod
es trifft sich gut (schlecht), dass

fieri potest, ut
es kann geschehen, dass

evenit (accidit), ut
es kommt vor, dass

multum abest, ut
es fehlt viel, dass

b) Satzgliedfunktion

Abhängige Aussagesätze haben meist die Satzgliedfunktion des Subjekts:

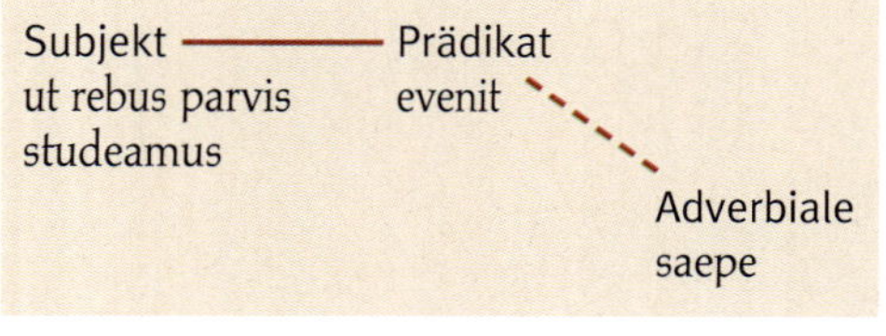

Gliedsätze als Objekt

175 Begehrsätze

a) Erscheinungsform

Homines operam dant, ut beate vivant.
Die Menschen bemühen sich darum, glücklich zu leben.

Homines semper operam dabant, ne misere viverent.
Die Menschen bemühten sich immer darum, nicht unglücklich zu leben.

Abhängige Begehrsätze enthalten Wünsche und Aufforderungen; sie beginnen mit:

ut	mit Konjunktiv	dass
ne	mit Konjunktiv	dass nicht

Philosophi nos prohibent, ne naturam neglegamus.
Die Philosophen halten uns davon ab, die Natur zu vernachlässigen.

Philosophi verentur, ne naturam neglegamus.
Die Philosophen fürchten, dass wir die Natur vernachlässigen.

Nach Verben bzw. Ausdrücken des **Fürchtens** (z. B. timere, vereri, periculum est) und des **Hinderns** (z. B. prohibere, impedire) heißt:

ne	mit Konjunktiv	dass
ut/ne non	mit Konjunktiv	dass nicht

b) Satzgliedfunktion

Abhängige Begehrsätze haben meist die Satzgliedfunktion des Objekts.

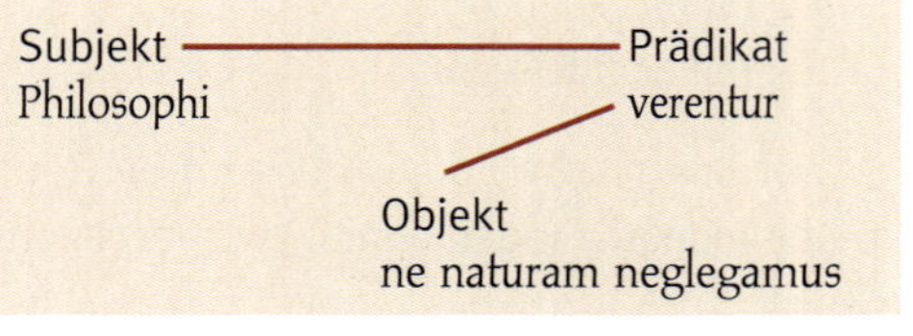

Subjunktionen

Grammadux fasst zusammen: ut, ne, cum

➤ Da sagt man immer, Latein sei klar und logisch. Alles Quatsch! Man weiß nie etwas Genaues, weil so viele Wörter verschiedene Bedeutungen haben. Sogar bei den „kleinen Wörtern" ist das so, die doch so wichtig sind, wie du immer behauptest.

Gr. Du hast Recht: Allein mit der Wortbedeutung ist es oft nicht getan. Du solltest schon den Sinnzusammenhang des Satzes und oft sogar des ganzen Textes beachten.

Nimm z. B. ut und ne: Innerhalb eines Textes haben solche Subjunktionen die Aufgabe eines Wegweisers. Da sie jedoch in verschiedenen Konstruktionen vorkommen und verschiedene Bedeutungen haben können, sollte man an solchen Kreuzungen besonders vorsichtig sein. Um nicht in die Irre zu gehen, muss man zurück- und vorausschauen, d. h. feststellen, was davorsteht und welchen Modus das Verb im Gliedsatz hat.

Bei **ut** musst du feststellen, ob das Verb im Konjunktiv oder im Indikativ steht:

- Steht das Verb im Konjunktiv, so bedeutet ut 'dass', 'damit', 'zu' (mit Inf.).
- Steht das Verb im Indikativ, so bedeutet ut 'wie'.

➤ Hör auf. Das kann ich mir nie merken.

Gr. Du musst dir nur vorstellen, dass du an eine Weggabelung kommst, erst die Hinweisschilder liest und dich dann für eine Richtung entscheidest.

Wenn ich dir das einmal aufzeichne, begreifst du es vielleicht eher:

ut
- Verb im Konjunktiv: —— dass, damit, um zu
- Verb im Indikativ: —— wie

Bei **ne** schaut die Weggabelung folgendermaßen aus:

ne
- am Anfang eines Finalsatzes: —— dass nicht, damit nicht, um nicht zu
- nach 'fürchten' und 'hindern': —— dass
- mit Konjunktiv Perfekt im Hauptsatz: … nicht! (Prohibitiv)

Wenn du auf ein **cum** stößt, so stehst du ebenso wie bei ut und ne an einer Weggabelung und solltest überlegen, welche Richtung einzuschlagen ist.

➤ Ich glaube, ich habe das System schon kapiert. Lass es mich mal selbst probieren. Wenn ein Ablativ dabeisteht, ist es die Präposition 'mit', wenn nicht, dann heißt es meist 'als'.

Subjunktionen

Gr. Sei vorsichtig! Nichts ist schlimmer als ein trügerisches Gefühl der Sicherheit. Deshalb passiert so oft etwas an Fußgängerüberwegen, wenn die Ampel grün aufleuchtet.

➤ Wie meinst du das?

Gr. Auch wenn eine Form folgt, die ein von cum abhängiger Ablativ sein kann, musst du unbedingt weiterlesen. Denn erstens kann ein Ablativ vorliegen, der nicht von cum abhängt – z. B. ein Ablativus absolutus – und zweitens kann eine solche Form häufig auch Dativ sein.

➤ Aber das kommt doch sicher kaum vor.

Gr. Oh doch. Ich zeige dir das gleich an drei Sätzen, in denen jedesmal „cum Lepido“ steht.

➤ Wer ist denn dieser Lepidus?

Gr. Lepidus war zunächst ein Partner Oktavians, dann sein Gegner.
Doch nun zu den Sätzen:
Octavianus cum Lepido pugnavit.
Oktavian kämpfte mit Lepidus.

Octavianus cum Lepido victo Romam rediret, a civibus laudatus est.
Als Oktavian nach dem Sieg über Lepidus nach Rom zurückkehrte, wurde er von den Bürgern gelobt.

Octavianus cum Lepido pepercisset, a civibus laudatus est.
Oktavian wurde von den Bürgern gelobt, weil er Lepidus geschont hatte.

➤ Da ist aber doch wieder einiges zu prüfen.

Gr. Du musst nur immer mit allen Möglichkeiten rechnen und systematisch vorgehen. Ist cum Präposition, wie im ersten Satz, dann hast du den richtigen Weg bereits gefunden. Wenn du aber merkst, dass cum nicht Präposition, sondern Subjunktion ist, musst du als nächstes feststellen, ob das Verb im Indikativ oder Konjunktiv steht.

➤ Klar. Mit Indikativ übersetze ich ‘wenn’ oder ‘als’, mit Konjunktiv ‘als’ oder ‘nachdem’.

Gr. Vergiss nicht, es kann beim Konjunktiv z. B. auch ‘weil’ heißen. Wenn du dir eine Weggabelung vorstellst, so hast du folgende Möglichkeiten:

- cum
  - mit Ablativ — Präposition — mit
  - Subjunktion
    - mit Indikativ — wenn, als
    - mit Konjunktiv
      - als, nachdem
      - weil, da
      - obwohl
      - während (dagegen)

➤ Wenn es im Text nur auch immer so schön übersichtlich wäre!

Ü1 Wortbildung

Gr. Wir wollen einmal einen Blick in die Werkstatt der lateinischen Sprache werfen; ich zeige dir, wie lateinische Wörter aus anderen entstehen.

➤ Hör auf! Mir reichen die Wörter schon, die ich kennen sollte. Bloß nicht noch etwas zum Lernen.

Gr. Kein Problem. Ich will dir damit doch Arbeit ersparen.

➤ Und wie soll das gehen?

Gr. Dir ist sicher schon aufgefallen, dass es Wörter gibt, die offensichtlich zusammengehören, wie amor und amare. Vielleicht hast du auch bemerkt, dass bestimmte Bildungselemente, wie z.B. die Präpositionen ab und ad, als Vorsilben von Verben immer wieder die gleiche Bedeutung haben?

➤ Das schon, aber ich habe noch nie richtig darüber nachgedacht.

Gr. Das solltest du jetzt tun, denn so bekommst du einen Einblick in die Struktur der Sprache und kannst mit weniger Arbeitsaufwand mehr erreichen.

➤ Aber Wörter muss ich doch trotzdem lernen!

Gr. Freilich, aber in vielen Fällen kannst du sie dir dann leichter merken oder ihre Bedeutung sogar erschließen.
Fangen wir mit den **Substantiven** an. Viele Substantive werden dadurch gebildet, dass bestimmte Nachsilben (**Suffixe**) an den Wortstamm angefügt werden:
Substantive, die auf *-ia*, *-itia*, *-tas*, *-tus* oder *-tudo* enden, gehören meist zu Adjektiven, wie miseria zu miser und multitudo zu multi. Die so gebildeten Substantive drücken oft eine Eigenschaft aus.

➤ Und wenn man das eine weiß, weiß man auch das andere?

Gr. Genau. Auf diese Weise kennst du die Bedeutung vieler Substantive bzw. Adjektive, die du nicht eigens gelernt hast, z.B. potentia zu potens, sapientia zu sapiens, superbia zu superbus, libertas zu liber, fortitudo zu fortis, und umgekehrt diligens zu diligentia oder crudelis zu crudelitas.

➤ Das scheint wirklich prima zu funktionieren.

Gr. Andere Substantive hängen mit Verben zusammen;
so bezeichnen Substantive auf *-tor* denjenigen, der etwas tut,
z.B. imperator zu imperare, orator (Redner) zu orare;
das Suffix *-tio* bezeichnet eine Handlung, z.B. oratio (Rede) zu orare;
-ium bezeichnet ein Ergebnis, z.B. aedificium zu aedificare, imperium zu imperare;
-mentum bezeichnet ein Mittel, und wenn du ornamentum kennst, kannst du dir denken, was ornare heißt.

➤ Wahrscheinlich 'schmücken'.

Gr. Du siehst, es klappt. Nun noch ein Blick auf die **Verben**:
Zahlreiche Verben sind von Substantiven abzuleiten, so z. B. das schon vorhin erwähnte amare von amor.

➤ Und ebenso laborare von labor und nuntiare von nuntius?

Gr. Du hast es erfasst. Jetzt kannst du dir wohl auch denken, was finire (zu finis), militare (zu miles) oder umgekehrt desiderium (zu desiderare) heißen?

➤ Na klar. Und geht das wirklich immer so einfach?

Gr. Nicht immer. Zur Vorsicht kannst du dich ja in einem Lexikon vergewissern, ob deine Vermutung auch zutrifft.
Besonders wichtig ist noch eine bestimmte Gruppe von Verben, nämlich die **Komposita**.

➤ Was ist denn das?

Gr. Komposita nennt man die Verben, die aus einem einfachen Verb (**Verbum simplex**) und einer Vorsilbe (einem **Präfix**) zusammengesetzt sind.

➤ Zum Beispiel mit ab- und ad-, wie du am Anfang gesagt hast?

Gr. Richtig. Wenn du die Bedeutung dieser Vorsilben und das Verbum simplex kennst, so ergibt sich die Bedeutung des Kompositums oft von selbst, z. B. dis-cedere auseinandergehen. Zu lernen brauchst du nur die Komposita mit einer abweichenden Bedeutung.

➤ Dafür müsste ich aber alle Vorsilben kennen.

Gr. Ich habe dir hier eine Aufstellung von zehn wichtigen Präfixen gemacht:

ab- (a-, abs-)	weg-, ab-
ad- (ac-, at- und andere Formen)	hinzu-, dabei-
com- (col-, con-)	zusammen-
de-	herab-, weg-
dis- (di-, dif-)	auseinander-
ex- (e-, ef-)	heraus-
in- (il-, im- und andere Formen)	hinein-, darin-
per-	(hin)durch-
pro- (prod-)	(her)vor-
re- (red-)	zurück-, wieder-

Manchmal wird das Präfix an den Anlaut des Verbum simplex angeglichen. Dann sieht es z. B. so aus wie in den Klammern. Du kennst z. B. apportare: hier ist das Präfix ad- an das p- von portare angeglichen (**assimiliert**).

➤ Du hast nicht zu viel versprochen, das könnte mir wirklich Arbeit ersparen.

Gr. Eine ausführliche und systematische Übersicht zu den Elementen und Regeln der Wortbildung findest du auf S. 152–153. Dort kannst du im Einzelfall in den Tabellen nachschlagen.

Ü2 Satzglieder und Füllungsarten, Satzmodell

Gr. Du erinnerst dich doch an die **Satzmodelle**, die in diesem Buch immer wieder vorkommen, um die Struktur eines Satzes anhand der Satzglieder zu verdeutlichen?

➤ Ja natürlich.

Gr. Ich möchte mit dir noch einmal durchgehen, was du dabei alles gelernt hast. Zuerst sprechen wir über die **Bedeutung des Prädikats**. Das Prädikat ist Dreh- und Angelpunkt eines jeden Satzes. Es legt fest, welche weiteren Glieder in einem Satz vorkommen.
Manchmal ist ein Satz bereits vollständig, wenn er nur aus Prädikat und Subjekt besteht, z. B.:

Magistra ridet.	Die Lehrerin lacht.

Im Lateinischen kann das Subjekt sogar im Prädikat enthalten sein, z. B.:

Ridet.	Sie lacht.

Viele Verben erfordern jedoch ein Objekt, z.B. laudare:

Magister discipulam laudat.	Der Lehrer lobt die Schülerin.

Bei manchen müssen sogar zwei Objekte stehen, z. B. bei mandare:

Pater magistro filiam mandat.	Der Vater vertraut dem Lehrer seine Tochter an.

➤ Und wenn diese Objekte fehlen, dann ist der Satz nicht vollständig?

Gr. Genauso ist es. Der Hörer oder Leser vermisst dann etwas; das ist wie im Deutschen. Das Verb legt fest, wie viele und welche Ergänzungen stehen; diese Eigenschaft des Verbs nennt man **Valenz** (valere!).

➤ Und was habe ich davon, wenn ich das weiß?

Gr. Dann kannst du die Konstruktion eines Satzes leichter durchschauen und z. B. die einzelnen Kasus besser zuordnen.

In welchem Verhältnis stehen nun die anderen Satzglieder zum Prädikat?
Subjekt und Prädikat stehen in **Kongruenz** zueinander, was im Satzmodell durch einen waagerechten Strich deutlich gemacht wird.
Objekte und Adverbialien hängen vom Prädikat ab. Dieses Abhängigkeitsverhältnis nennt man **Dependenz** (dependere!); es wird im Satzmodell mit Strichen dargestellt, die vom Prädikat schräg nach unten gehen.
Unser letzter Beispielsatz sieht im Modell also folgendermaßen aus:

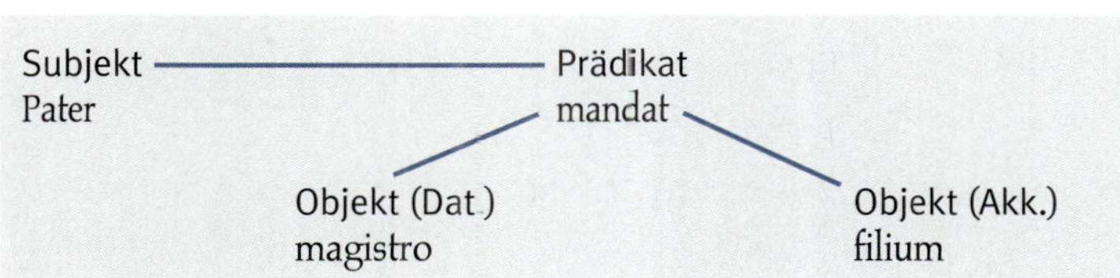

➤ Das war mir soweit schon klar, doch was bedeuten die unterbrochenen Striche, die manchmal vorkommen?

Gr. Mit diesen Strichen werden Satzglieder angebunden, die man auch weglassen könnte; sie sind für die Vollständigkeit eines Satzes nicht erforderlich. Das sind die Adverbialien, die vom Prädikat abhängen, und die Attribute, die zu einem Nomen gehören.

➤ Diese Satzmodelle finde ich ganz gut, weil sie übersichtlich sind und zeigen, dass letztlich immer wieder die gleichen Satzglieder vorkommen.

Gr. Das ist ja auch der Sinn der Sache. Andererseits kennst du verschiedene Möglichkeiten, wie die einzelnen Satzglieder ausgedrückt oder „gefüllt“ werden können. Hier hast du eine Übersicht über wichtige **Füllungsarten**:

Subjekt
- Nomen im Nom. (Substantiv, Pronomen)
- Infinitiv, AcI
- Relativsatz im Ind.

Prädikat
- Vollverb
- esse mit Prädikatsnomen (als Substantiv, Adjektiv oder Gerundivum)

Objekt
- Nomen (im Gen., Dat., Akk. oder Abl.)
- Präpositionalausdruck
- Infinitiv, AcI
- Relativsatz im Ind.

Adverbiale
- Adverb
- Substantiv (im Gen., Dat., Akk., Abl.)
- Präpositionalausdruck
- nd-Formen (im Abl., nach Präp.)
- Abl. abs.
- Participium coniunctum
- Gliedsatz (Adverbialsatz)

Attribut
- Nomen (in Kongruenz), v. a. Adjektiv
- Participium coniunctum
- nd-Formen (im Gen.)
- Relativsatz

Ü3 Satzwertige Konstruktionen

Akkusativ mit Infinitiv

Augustum pacem *facere/fecisse/facturum esse* cives delectat.
Dass Augustus Frieden *schafft/geschaffen hat/schaffen wird*, erfreut die Bürger.

Augustum pacem *facere/fecisse/facturum esse* omnes cives sciunt.
Dass Augustus Frieden *schafft/geschaffen hat/schaffen wird*, wissen alle Bürger.

Nominativ mit Infinitiv

Pax homines *delectare/delectavisse/delectatura esse* dicitur.
Man sagt, dass der Friede die Menschen *erfreut/erfreut hat/erfreuen wird.*

Participium coniunctum

Imperator pacem *faciens/facturus* a civibus laudatur.
Der Kaiser, der Frieden *schafft/schaffen wird*, wird von den Bürgern gelobt.
Der Kaiser wird von den Bürgern gelobt, weil er Frieden *schafft/schaffen wird.*

Pax ab imperatore *facta* cives delectat.
Der Friede, der vom Kaiser *geschaffen wurde*, erfreut die Bürger.

Ablativus absolutus

Imperatore pacem *faciente* cives gaudio afficiuntur.
Wenn/weil der Kaiser Frieden *schafft*, freuen sich die Bürger.

Pace facta cives gaudio afficiuntur.
Nachdem Friede geschaffen ist, freuen sich die Bürger.

Die satzwertigen Konstruktionen Akkusativ mit Infinitiv, Participium coniunctum, Ablativus absolutus und Nominativ mit Infinitiv haben unterschiedliche Funktionen als Satzglieder.
In allen Fällen bezeichnen Infinitiv bzw. Partizip Präsens die Gleichzeitigkeit, Infinitiv bzw. Partizip Perfekt die Vorzeitigkeit und Infinitiv bzw. Partizip Futur die Nachzeitigkeit.
Die folgende Tabelle enthält eine entsprechende Übersicht:

	Satzglied		gleichz.	vorz.	nachz.	
AcI	als Subjekt als Objekt	Augustum pacem Augustum pacem	facere facere	fecisse fecisse	facturum esse facturum esse	cives delectat. omnes cives sciunt.
NcI	als Subjekt	Pax homines	delectare	delectavisse	delectatura esse	dicitur.
Part. coni.	als Adverbiale bzw. Attribut	Imperator pacem Pax ab imperatore	faciens	 facta	facturus	a civibus laudatur. cives delectat.
Abl. abs.	als Adverbiale	Imperatore pacem Pace	faciente	 facta		cives gaudio afficiuntur. cives gaudio afficiuntur.

▶ *148b, 150b* nd-Formen

Ü4 Kriterien der Texterschließung

Gr. Lies zunächst den folgenden Text, ohne ihn zu übersetzen:

Der verlorene Sohn

Die folgende Passage ist weitgehend unverändert der lateinischen Bibelübersetzung „Vulgata" entnommen; Jesus erzählt das Gleichnis vom verlorenen Sohn:

Homo quidam habuit duos filios; et dixit adolescentior[1] ex illis patri: „Pater, da mihi partem substantiae[2], quae me contingit[3]!" Et divisit illis substantiam. Et non post multos dies adolescentior filius profectus est in regionem longinquam; et ibi dissipavit substantiam suam vivendo luxuriose. Et postquam omnia consumpsit, facta est fames in regione illa, et ipse coepit egere. Et abiit, et porcos[4] cuiusdam civis regionis illius pavit. Et cupiebat implere ventrem suum de siliquis[5], quas porci manducabant[6], sed nemo illi dabat.

Secum autem deliberavit: „Quanti mercenarii[7] in domo patris mei abundant panibus; ego autem hic fame pereo! Surgam et ibo ad patrem meum et dicam ei: Pater, peccavi; iam non sum dignus vocari filius tuus; fac me sicut unum de mercenariis tuis!"

Pater autem, cum illum videret, misericordia motus est et cecidit super collum eius et osculatus est[8] eum. Dixitque ei filius: „Pater, peccavi; iam non sum dignus vocari filius tuus!" Dixit autem pater ad servos suos: „Cito ferte vestem optimam et induite illum, et date anulum[9] in manum eius! Et adducite vitulum saginatum[10] et occidite! Et manducemus et epulemur, quia hic filius meus mortuus erat et revixit[11]; perierat, et inventus est!" Et coeperunt epulari.

Filius autem senior indignatus dixit patri suo: „Ecce, tot annis servio tibi et numquam mandatum tuum praeterii; et numquam dedisti mihi haedum[12], ut cum amicis meis epularer. Sed postquam filius tuus hic, qui dissipavit substantiam suam, venit, occidisti illi vitulum saginatum."

At ipse dixit illi: „Fili, tu semper mecum es, et omnia mea tua sunt! Epulari autem et gaudere oportebat, quia frater tuus hic mortuus erat et revixit; perierat, et inventus est."

1 adolescens (*Adj.*) *jung* 2 substantia *Vermögen* 3 me contingit *mir kommt zu* 4 porcus *Schwein* 5 siliqua *Schote, Schale* 6 manducare *essen* 7 mercenarius *Tagelöhner* 8 osculari *küssen* 9 anulus *Ring* 10 vitulus saginatus *gemästetes Kalb* 11 re-viviscere (-vixi) *wieder lebendig werden* 12 haedus *Böcklein, junger Ziegenbock*

Gr. Dieser Text ist wirklich leicht zu verstehen. Es handelt sich um die Erzählung eines einfachen Sachverhaltes, der in chronologischer Reihenfolge und mit einfachen sprachlichen Mitteln dargestellt ist. Und vor allem: du kennst die Geschichte schon.

➤ Du hast leicht reden. Ich verstehe trotzdem eine Reihe von Wörtern und Formen nicht sofort.

Gr. Du solltest bei jedem Text versuchen, zunächst zügig bis zum Ende zu lesen und dabei alle Methoden der Texterschließung anzuwenden, die du kennst. Bei diesem einfachen Text wirst du spätestens beim zweiten Durchlesen feststellen, welche Personen in den einzelnen Abschnitten im Mittelpunkt stehen:

(Einleitung: Vater und zwei Söhne)	
Z. 1–9 :	jüngerer Sohn
Z. 15–17:	älterer Sohn
Z. 10–14:	Vater
Z. 18–19:	Vater

Die Hauptthemen und -motive der einzelnen Abschnitte kannst du an Schlüsselwörtern und Sachfeldern, den Handlungsverlauf an den Konnektoren erkennen:

Z. 1–9:	*Verschwendung*:	substantia – *et* dissipavit – vivendo luxuriose – *et* omnia consumpsit
	Not:	fames – *et* coepit egere – *et* cupiebat implere ventrem – *sed* nemo dabat – fame pereo
	Heimkehr:	ibo ad patrem
Z. 10–14:	*Mitleid und Großzügigkeit*:	pater *autem* – misericordia motus – *et* osculatus est – vestem optimam – *et* vitulum saginatum – *et* coeperunt epulari
Z. 15–17:	*Unzufriedenheit*:	filius *autem* – indignatus – numquam mihi – *sed* illi
Z. 18–19:	*Gegenargument*:	*at* dixit – *tu* semper mecum es – frater *tuus* inventus est

➤ Das klingt schon einleuchtend, wenn du das so erklärst, aber ob ich da selbst draufkomme?

Gr. Du solltest so oft wie möglich versuchen, dir mit dieser Methode einen Überblick über einen ganzen Text oder wenigstens Textabschnitte zu verschaffen; denn nur so siehst du, dass Latein eine ganz normale Sprache ist. Vor allem gerätst du nicht gleich in Panik, wenn du irgendwelche Einzelheiten nicht verstehst. In einem zweiten Arbeitsgang solltest du den Text im Detail erfassen; dann ist die Gefahr gering, dass du etwas völlig falsch verstehst.
Wenn du – wie bei diesem Gleichnis – bereits in etwa weißt, wovon in einem Text die Rede ist, hast du es natürlich einfacher.

➤ Das ist ja so oft das Problem, dass ich die Leute und Geschichten nicht kenne.

Gr. Deshalb solltest du immer genau die Überschriften und Einleitungen beachten und möglichst viel über alte Geschichte, klassische Sagen und Mythen wissen. Vieles davon liest sich wirklich spannend wie ein Krimi. Mit solchen Vorkenntnissen wird es dir dann immer häufiger gelingen, auch kompliziertere Texte schon beim Durchlesen zu verstehen.

Ü5 Satzarten und Personalformen

Bei der ersten Begegnung mit einem Text kann man nicht nur dem Wortschatz, d.h. den Konnektoren, Schlüsselwörtern und Sachfeldern, wichtige Informationen entnehmen, sondern auch den verschiedenen Satzarten, die in dem Text vorkommen.

Werden viele **Aussagesätze** aneinandergereiht, so handelt es sich oft um eine sachliche Beschreibung oder einen Bericht, deren gedanklicher Ablauf sich selten verändert. Bei den Verben und den Personalpronomina kommen hauptsächlich Formen in der **3. Person** vor, bei den Substantiven im Allgemeinen kein Vokativ.

In einem Dialog wechseln dagegen die Themen und Gedanken schneller, und es finden sich immer wieder **Ausrufe** und **Fragen**. Der Leser muss deshalb mit einem häufigen Wechsel der Verbformen in allen Personen (auch Imperativen), mit Personalpronomina der **1. und 2. Person** und Vokativen rechnen.

Ü6 Schlüsselwörter, Wortwiederholungen und Sachfelder

Schon beim ersten Durchlesen eines Textes kann man die Thematik häufig an sog. **Schlüsselwörtern** ablesen. Wichtige Begriffe kommen entweder in wörtlicher Wiederholung oder in Umschreibungen immer wieder vor.

Wortwiederholungen machen – zusammen mit der Überschrift – dem Leser schnell klar, worum es geht.

Darüber hinaus ermöglichen vor allem solche Wörter einen raschen Einblick in die Thematik des Textes, die dem gleichen **Sachfeld** angehören, die also gleichermaßen etwas mit einem bestimmten Lebensbereich zu tun haben. Solche Sachfelder sind z.B. Handel, Politik, Religion, Stadtleben, Landleben.

Zum Sachfeld Handel gehören die Wörter taberna, mercator, argentum, pecunia, pretium, probare, impendere, emere. Einige dieser Wörter haben zwar verschiedene Bedeutungen, wie probare (prüfen, billigen) oder pretium (Preis, Wert, Lohn), sie werden aber eben dadurch auf eine Bedeutung festgelegt, dass sie zusammen mit den Wörtern eines bestimmten Sachfelds verwendet werden.

Aus den Sachfeldern und den Konnektoren (▶ *163*) ergibt sich oft die gedankliche Struktur und Thematik des Textes. Damit wird es auch leichter, die einzelnen Wörter und Sätze treffend zu übersetzen.

Ü7 Technik der Rede, Stilmittel

Ein Redner, der in der Öffentlichkeit auftritt, will seine Zuhörer von etwas überzeugen oder zu etwas überreden. Um dies zu erreichen, muss er nicht nur Argumente und Gegenargumente in einer geschickten Reihenfolge anordnen, sondern darüber hinaus seine Aussagen so raffiniert formulieren und seine Rede so wirkungsvoll vortragen, dass er die Zuhörer psychologisch beeinflusst und mitreißt.
So wird er, damit die Aufmerksamkeit der Zuhörer nicht erlahmt, immer wieder andere Satzarten verwenden und nicht nur nüchtern und kühl den Sachverhalt vortragen. Er wird auch Fragen stellen, Aufforderungen äußern und gelegentlich seine Erregung mit einem Ausruf ausdrücken. Überhaupt wird er die ganze Rede so gestalten, dass er die Zuhörer mit einer geschliffenen Sprache beeindrucken und so besser von seinem Anliegen überzeugen kann.
Wie eine derartige Rede zu gestalten ist, wurde in der Antike in Rhetorikschulen, d. h. Schulen für angehende Redner, gelehrt.
Die sprachlichen Mittel, die dafür zur Verfügung stehen, heißen **Stilmittel**. Sie können innerhalb eines Satzes, häufig auch satzübergreifend, verwendet werden. Beliebte Stilmittel sind z. B.:

- **Alliteration** (gleicher Anlaut bei aufeinanderfolgenden Wörtern, z. B. maria montesque). Die Alliteration macht die Zusammengehörigkeit der Wörter deutlich und erzeugt einen akustischen Reiz.
- **Anapher** (Wiederholung eines Wortes am Anfang von Satzgliedern bzw. Sätzen, z. B. te appello, te oro, te obsecro). Die Wiederholung hebt das Wort deutlich hervor und erleichert dem Hörer das Verfolgen der Gedanken.
- **Antithese** (Gegenüberstellung gegensätzlicher Begriffe, z. B. in pace ... in bello). Die Meinung des Redners kann durch den Gegensatz unterstrichen werden.
- **Asyndeton** (Wortreihen oder Sätze, die unverbunden nebeneinanderstehen, z. B. veni, vidi, vici). Durch diese Art von Reihung versucht der Redner, die Worte dem Hörer geradezu einzuhämmern.
- **Hyperbaton** (Trennung zusammengehöriger Wörter durch einen Einschub, z. B. Orationem habuit illustrem.) Diese Wortstellung kann die rahmenden oder die eingerahmten Wörter besonders betonen.
- **Hyperbel** (Übertreibung, z. B. Plures terras vidit quam omnes, qui tum vivebant.) Mit der Hyperbel versucht der Redner, seine Gedanken überspitzt klarzumachen und beim Zuhörer Gefühle zu erregen.
- **Klimax** (Anordnung von Wörtern oder Wortgruppen mit ähnlicher Bedeutung, bei der die Aussage stufenweise gesteigert wird, z. B. vincire, vexare, necare). Die Klimax dient dazu, die Aussage durch die Steigerung hervorzuheben und die Hörer zu beeindrucken.
- **Parallelismus** (gleiche Abfolge von aufeinanderfolgenden Wortgruppen bzw. Satzgliedern, z. B. Felix nihil timet, nonnulla audet, multa scit.). Die (mehrfache) Wiederholung der gleichen Struktur erleichtert dem Hörer das Verständnis und hebt die inhaltlichen Parallelen durch die Form hervor.

Ü8 Textsorten

Bevor man sich intensiver mit einem Text befasst, sollte man auch überprüfen, welche Textsorte vorliegt; sie lässt sich meist schnell an Überschrift, Einleitung, äußerer Form und an Sachfeldern erkennen. Folgende Textsorten spielen eine wichtige Rolle:

Die **Erzählung** bzw. **Schilderung** von – meist vergangenen – Ereignissen erfolgt oft in kunstvoll gestalteter Sprache. Häufig wechseln wörtliche Rede, kürzere Sätze und Satzgefüge, bei denen auch die Verwendung der Tempora und der Pronomina beachtet werden muss. Außerdem treten oft satzwertige Konstruktionen auf.

Bei einem **Dialog** sind Teilnehmer und Thematik von größter Bedeutung. Je mehr Vorkenntnisse man in dieser Hinsicht hat, umso besser kann man die Äußerungen verstehen. Meist kann man davon ausgehen, dass die Sätze relativ kurz sind und einzelne Äußerungen auf vorher Gesagtes Bezug nehmen. Daher darf man über dem Einzelsatz nie den Sinnzusammenhang aus den Augen verlieren. Bei einem lebhaften Dialog ist mit einem schnellen Wechsel der Formen und Konstruktionen zu rechnen, d.h. auch mit Ausrufen, Aufforderungen und Fragen.

Bei einer **öffentlichen Rede** sollte man über den Redner, seine Absichten und die Zuhörer Bescheid wissen, da die Ausführungen häufig nur vor diesem Hintergrund zu verstehen sind.

Die Sprache ist kunstvoll ausgefeilt und mit Stilmitteln (vgl. Ü7) geschmückt, sodass deren Kenntnis ebenfalls eine wesentliche Verständnishilfe darstellt. Wie im Dialog kommen auch Fragen, Ausrufe und Aufforderungen vor.

Ein **Brief**, der ja Teil einer Korrespondenz ist, ist nicht leicht zu verstehen, da viele Kenntnisse vorausgesetzt werden, die über den Text hinausgehen. Hier muss sich der Leser oft auch auf seine Kombinationsgabe verlassen, um z.B. aus einer Antwort auf eine vorausgehende Frage zu schließen. Das Niveau des Inhalts und der sprachlichen Gestaltung hängt vom Schreiber, aber auch vom Empfänger des Briefes ab. Im Allgemeinen ist die Sprache weniger förmlich und manchmal mit umgangssprachlichen Wendungen durchsetzt. Die Inhalte sind vielfältig, man liest einerseits Berichte und Beschreibungen, andererseits Fragen und Wünsche. Häufig kommen deshalb Fragesätze, Imperative sowie alle Personalformen und Tempora (auch das Futur) vor.

A1 Verben mit „unregelmäßiger“ Perfektbildung

Die folgende Liste enthält wichtige Verben mit „unregelmäßiger” Perfektbildung.
Die aktiven Verben sind nach ihrer Zugehörigkeit zu den verschiedenen Konjugationsklassen aufgeführt. Es folgen die Deponentien, Semideponentien und andere „spezielle“ Verben.
Innerhalb der Konjugationsklassen sind die Verben nach der Art ihrer Perfektbildung (also v-, u-, s-Perfekt usw.) zusammengestellt, und zwar in alphabetischer Reihenfolge; Komposita stehen unmittelbar beim jeweiligen Verbum simplex (z.B. circumdare bei dare).
Am Rand finden sich Kürzel für die Art der Perfektbildung:
v(-Perfekt), **u**(-Perfekt), **s**(-Perfekt), **R**(eduplikationsperfekt), **D**(ehnungsperfekt), (Perfekt) **o**(hne Stammveränderung).
Nicht aufgeführt sind die als „regelmäßig“ geltenden Verben der ā- und ī-Konjugation mit v-Perfekt sowie der ē-Konjugation mit u-Perfekt (und PPP auf -itum), z.B.:

vocāre	vocō, vocāvī, vocātum	rufen, nennen
audīre	audiō, audivī, audītum	hören
monēre	moneō, monuī, monitum	(er)mahnen

Verben der ā-Konjugation

1	domāre	domō, domuī, domitum	zähmen, bezwingen	u
2	secāre	secō, secuī, sectum	(ab)schneiden, durchschneiden	
3	vetāre	vetō, vetuī *m. Akk.*	verbieten	
4	iuvat	iūvit	es erfreut, macht Spaß	D
	adiuvāre	adiuvō, adiūvī, adiūtum *m. Akk.*	unterstützen, helfen	
5	**dare**	dō, dedī, datum	geben	R
	circumdare	circumdō, circúmdedī	umgeben	
6	**stāre**	stō, stetī	stehen	
	circumstāre	circumstō, circúmstetī	herumstehen (um), umringen	
	obstāre	obstō, obstitī	entgegenstehen, hindern	
	praestāre	praestō, praestitī	*m. Akk.* leisten, erweisen *m. Dat.* übertreffen	

Verben der ē-Konjugation

1	dēlēre	dēleō, dēlēvī, dēlētum	zerstören, vernichten	
2	flēre	fleō, flēvī	(be)weinen	
3	implēre	impleō, implēvī, implētum	(an)füllen	
4	cēnsēre	cēnseō, cēnsuī, cēnsum	schätzen, meinen	u
5	docēre	doceō, docuī, doctum	lehren, unterrichten	
6	ārdēre	ārdeō, ārsī, ārsūrus	brennen, glühen	s
7	augēre	augeō, auxī, auctum	vermehren, vergrößern, fördern	
8	haerēre	haereō, haesī	hängen, steckenbleiben	
9	iubēre	iubeō, iussī *m. Akk.*	beauftragen, befehlen, anordnen	
10	manēre	maneō, mānsī	bleiben, warten (auf)	
11	**rīdēre**	rīdeō, rīsī	(aus)lachen	
	dērīdēre	dērīdeō, dērīsī	verlachen, verspotten	
	irrīdere	irrīdeō, irrīsī, irrīsum	(aus)lachen, verlachen	
12	**suādēre**	suādeō, suāsī, suāsum	raten, empfehlen	
	persuādēre	persuādeō, persuāsī, persuāsum *m. Dat.*	überreden, überzeugen	
13	urgēre	urgeō, ursī	(be)drängen	
14	cavēre	caveō, cāvī, cautum *m. Akk.*	sich hüten, in Acht nehmen	D
15	favēre	faveō, fāvī *m. Dat.*	gewogen sein, schwärmen (für)	
16	**movēre**	moveō, mōvī, mōtum	bewegen, beeinflussen	
	commovēre	commoveō, commōvī, commōtum	bewegen, veranlassen	
	permovēre	permoveō, permōvī, permōtum	bewegen, veranlassen, ergreifen	
	removēre	removeō, remōvī, remōtum	entfernen, wegschaffen	
17	**sedēre**	sedeō, sēdī, sessum	sitzen	
	obsidēre	obsideō, obsēdī, obsessum	belagern	
18	**vidēre**	videō, vīdī, vīsum	sehen	
	vidērī	videor, vīsus sum *m. Nom.*	scheinen; gelten als	
	providēre	provideō, provīdī, provīsum	*m. Dat.* sorgen für, *m. Akk.* vorhersehen	
19	pendēre	pendeō, pependī	(herab)hängen, schweben	R
20	respondēre	respondeō, respondī, respōnsum	antworten	

Verben der ī-Konjugation

1	aperīre	aperiō, aperuī, apertum	(er)öffnen, aufdecken	u
2	dēsilīre	dēsiliō, dēsiluī	herabspringen	
3	**sentīre**	sentiō, sēnsī	fühlen, wahrnehmen, meinen	s
	cōnsentīre	cōnsentiō, cōnsēnsī, cōnsēnsum	übereinstimmen, zustimmen	
4	haurīre	hauriō, hausī, haustum	schöpfen, trinken	
5	vincīre	vinciō, vinxī, vinctum	fesseln, binden	
6	**venīre**	veniō, vēnī, ventum	kommen	D
	advenīre	adveniō, advēnī, adventum	(her)ankommen	
	circumvenīre	circumveniō, circumvēnī, circumventum	umringen, umzingeln	
	convenīre	conveniō, convēnī, conventum	zusammenkommen, zusammenpassen, sich einigen	
	ēvenīre	ēveniō, ēvēnī, ēventum	sich ereignen, passieren	
	intervenīre	interveniō, intervēnī, interventum	dazwischenkommen, unterbrechen	
	invenīre	inveniō, invēnī, inventum	finden, erfinden	
	pervenīre	perveniō, pervēnī (ad/in *m. Akk.*)	gelangen (zu/nach)	
7	reperīre	reperiō, répperī, repertum	(wieder) finden	R
	comperīre	comperiō, cómperī, compertum	erfahren, in Erfahrung bringen	

Verben der konsonantischen Konjugation

1	cōnsuēscere	cōnsuēsco, cōnsuēvī, cōnsuētum	sich (daran) gewöhnen	v
2	cognōscere	cognōscō, cognōvī, cógnitum	kennenlernen, erkennen	
3	dēcernere	dēcernō, dēcrēvī, dēcrētum	entscheiden, beschließen	
4	crēscere	crēscō, crēvī	wachsen, zunehmen	
5	capessere	capessō, capessīvī, capessītum	ergreifen	
6	lacessere	lacessō, lacessīvī, lacessītum	reizen	
7	pāscere	pāscō, pāvī, pāstum	(Vieh) hüten, weiden	

8	**petere**	petō, petīvī, petītum	erstreben, aufsuchen, verlangen	
	repetere	repetō, repetīvī, repetītum	zurückverlangen, wiederholen	
	suppetere	suppetō, suppetīvī, suppetītum	(reichlich) vorhanden sein	
9	**quaerere**	quaerō, quaesīvī, quaesītum	suchen, fragen; erwerben (wollen)	
	requirere	requirō, requisīvī, requisītum	sich erkundigen, verlangen	
10	serere	serō, sēvī, satum	säen, pflanzen	
11	sinere	sinō, sīvī, situm	lassen, zulassen	
12	spernere	spernō, sprēvī, sprētum	verschmähen, verachten	
13	alere	alō, aluī	ernähren, fördern	u
14	**colere**	colō, coluī, cultum	bebauen, pflegen, verehren	
	incolere	incolō, incoluī, incultum	siedeln, bewohnen	
15	cōnsulere	cōnsulō, cōnsuluī, cōnsultum	*m. Dat.* sorgen für *m. Akk.* um Rat fragen	
16	dēserere	dēserō, dēseruī, dēsertum	verlassen, im Stich lassen; aufgeben	
	disserere	dísserō, disseruī, dissertum	erörtern	
17	gemere	gemō, gemuī, gemitum	seufzen, stöhnen	
18	gignere	gignō, genuī, genitum	(er)zeugen, hervorbringen	
19	**pōnere**	pōnō, pósuī, pósitum	legen, stellen, setzen	
	dēpōnere	dēpōnō, dēposuī, dēpositum	ablegen, absetzen, abstellen	
	expōnere	expōnō, exposuī, expositum	darlegen	
	impōnere	impōnō, imposuī, impositum	auf ... setzen/stellen; aufbürden	
	propōnere	propōnō, proposuī, propositum	vorlegen, (sich) vornehmen	
20	succumbere	succumbō, succubuī	unterliegen	
21	nūbere	nūbō, nūpsī, nūptum *m. Dat.*	heiraten	s
22	**premere**	premō, pressī, pressum	drücken, bedrängen	
	opprimere	opprimō, oppressī, oppressum	unterdrücken	
23	scrībere	scrībō, scrīpsī, scrīptum	schreiben	
24	contemnere	contemnō, contempsī, contemptum	verachten	
25	cingere	cingō, cīnxī, cīnctum	umgeben, umgürten	
26	**dīcere**	dīcō, dīxī, dictum	sagen, sprechen, behaupten, nennen	
	indīcere	indīcō, indīxī, indictum	ankündigen	

27	**dūcere**	dūcō, dūxī, ductum	führen, ziehen
	abdūcere	abdūcō, abdūxī, abductum	wegführen
	addūcere	addūcō, addūxī, adductum	heranführen, veranlassen
	condūcere	condūcō, condūxī, conductum	zusammenführen, versammeln
	dēdūcere	dēdūcō, dēdūxī, dēductum	abführen, wegführen
	redūcere	redūcō, redūxī, reductum	zurückführen, zurückziehen
	trādūcere	trādūcō, trādūxī, trāductum	hinüberführen, hinbringen
28	fīgere	fīgō, fīxī, fīxum	(an)heften, befestigen
29	flectere	flectō, flexī, flexum	biegen, beugen, umwenden
30	afflīgere	afflīgō, afflīxī, afflīctum	niederschlagen, entmutigen
	cōnflīgere	cōnflīgō, cōnflīxī, cōnflīctum	zusammenstoßen, kämpfen
31	**iungere**	iungō, iūnxī, iūnctum	verbinden, vereinigen
	coniungere	coniungō, coniūnxī, coniūnctum	verbinden, vereinigen
32	**regere**	regō, rēxī, rēctum	lenken, leiten, beherrschen
	porrigere	pórrigō, porrēxī, porrēctum	darreichen, ausstrecken
	pergere	pergō, perrēxī, perrēctum	fortsetzen, weitermachen, fortfahren
	surgere	surgō, surrēxī	aufstehen, sich erheben
33	obstringere	obstringō, obstrīnxī, obstrictum	verstricken, verpflichten
34	exstruere	exstruō, exstrūxī, exstrūctum	aufschichten, errichten
	īnstruere	īnstruō, īnstrūxī, īnstrūctum	aufstellen, ausstatten; unterrichten
35	**tegere**	tegō, tēxī, tēctum	(be)decken, schützen
	dētegere	dētegō, dētēxī, dētēctum	aufdecken, enthüllen
	prōtegere	prōtegō, prōtēxī, prōtēctum	(be)schützen; bedecken
36	**trahere**	trahō, trāxī, tractum	ziehen, schleppen
	contrahere	cóntrahō, contrāxī, contractum	zusammenziehen
	dētrahere	dētrahō, dētrāxī, dētractum	herabziehen, entreißen
37	vehere	vehō, vēxī, vectum	fahren (trans.), ziehen
38	exstinguere	exstinguō, exstīnxī	auslöschen, vernichten
39	vīvere	vīvō, vīxī, vīctūrus	leben
40	gerere	gerō, gessī, gestum	tragen, (aus)führen
41	**cēdere**	cēdō, cessī, cessum	gehen; weichen, nachgeben
	accēdere	accēdō, accessī, accessum	herankommen, hinzutreten
	concēdere	concēdō, concessī, concessum	erlauben, zugeben, nachgeben
	dēcēdere	dēcēdō, dēcessī	weggehen; sterben
	discēdere	discēdō, discessī	auseinandergehen, weggehen
	incēdere	incēdō, incessī	einherschreiten, hineingehen

	prōcēdere	prōcēdō, prōcessī	vorwärtsgehen, vorrücken
	recēdere	recēdō, recessī, recessum	zurückweichen, sich zurückziehen
	succēdere	succēdō, successī, successum	nachfolgen, nachrücken
42	**claudere**	claudō, clausī, clausum	(ver)schließen, abschließen
	conclūdere	conclūdō, conclūsī, conclūsum	einschließen; folgern
43	dīvidere	dīvidō, dīvīsī, dīvīsum	teilen, trennen
44	**lūdere**	lūdō, lūsī, lūsum	spielen, scherzen
	illūdere	illūdō, illūsī, illūsum	verspotten
45	**mittere**	mittō, mīsī, missum	schicken, gehen lassen, werfen
	admittere	admittō, admīsī, admissum	zulassen, einlassen
	āmittere	āmittō, āmīsī, āmissum	aufgeben, verlieren
	committere	committō, commīsī, commissum	zustandebringen, begehen; anvertrauen
	dēmittere	dēmittō, dēmīsī	herablassen, eintauchen
	dīmittere	dīmittō, dīmīsī, dīmissum	wegschicken, entlassen
	intermittere	intermittō, intermīsī, intermissum	unterbrechen
	omittere	omittō, omīsī, omissum	unterlassen, verstreichen lassen
	permittere	permittō, permīsī, permissum	erlauben, überlassen
	prōmittere	prōmittō, prōmīsī, prōmissum	versprechen
	remittere	remittō, remīsī, remissum	zurückschicken; nachlassen
46	invādere	invādō, invāsī, invāsum	eindringen, angreifen; befallen
47	plaudere	plaudō, plausī, plausum	(Beifall) klatschen
48	**agere**	agō, ēgī, āctum	(be)treiben, verhandeln, ausführen D
	exigere	exigō, exēgī, exāctum	(ein)fordern, vollenden
	peragere	peragō, perēgī, perāctum	durchführen, vollenden
	subigere	súbigō, subēgī, subāctum	unterwerfen
	cōgere	cōgō, coēgī, coāctum	zusammentreiben, sammeln; zwingen
49	**emere**	emō, ēmī, ēmptum	kaufen
	interimere	intérimō, interēmī, interēmptum	aus dem Weg räumen, beseitigen
50	**legere**	legō, lēgī, lēctum	lesen
	colligere	cólligō, collēgī, collēctum	zusammensuchen, sammeln
	dēligere	dēligō, delēgī, dēlēctum	(aus)wählen
	dīligere	dīligō, dīlēxī, dīlēctum	lieben, schätzen
	ēligere	ēligō, ēlēgī, ēlēctum	auswählen

	intellegere	intéllegō, intellēxī, intellēctum	erkennen, einsehen
	neglegere	neglegō, neglēxī, neglēctum	vernachlässigen, übersehen
51	relinquere	relinquō, relīquī, relictum	verlassen, zurücklassen
52	corrumpere	corrumpō, corrūpī, corruptum	verderben, vernichten
53	cōnsīdere	cōnsīdō, cōnsēdī	sich setzen, sich niederlassen
54	**sūmere**	sūmō, sūmpsī, sūmptum	nehmen
	cōnsūmere	cōnsūmō, cōnsūmpsī, cōnsūmptum	verbrauchen
55	**vincere**	vincō, vīcī, victum	(be)siegen, übertreffen
	dēvincere	dēvincō, dēvīcī, dēvictum	(völlig) besiegen
56	**cadere**	cadō, cécidī	fallen, umkommen R
	accidere	áccidō, áccidī	sich ereignen, geschehen
	incidere	íncidō, íncidī (in *m. Akk.*)	hineinfallen, geraten (in), stoßen (auf)
57	**caedere**	caedō, cecīdī, caesum	fällen, niederhauen, töten
	occīdere	occīdō, occīdī, occīsum	töten, niederschlagen
58	canere	canō, cécinī	singen, besingen, (ein Instrument) spielen
59	**currere**	currō, cucurrī	laufen, rennen
	concurrere	concurrō, concurrī	zusammenlaufen, zusammenstoßen
	succurrere	succurrō, succurrī	zu Hilfe eilen
60	(**dare**	dō, dedī, datum	geben)
	abdere	abdō, abdidī, abditum	verbergen
	addere	addō, addidī, additum	hinzufügen
	condere	condō, cóndidī, conditum	gründen
	crēdere	crēdō, crēdidī, crēditum	glauben, anvertrauen
	dēdere	dēdō, dēdidī, dēditum	hingeben, ausliefern
	perdere	perdō, perdidī, perditum	zugrunde richten, verderben
	prōdere	prōdō, prōdidī, prōditum	überliefern, verraten
	reddere	reddō, reddidī, redditum	zurückgeben
	trādere	trādō, trādidī, trāditum	übergeben, überliefern
	vendere	vendō, vendidī, venditum	verkaufen
61	discere	discō, didicī	lernen
62	fallere	fallō, fefellī	täuschen; unbemerkt bleiben
63	parcere	parcō, pepercī *m. Dat.*	(ver)schonen; sparen
64	**pellere**	pellō, pépulī, pulsum	(ver)treiben, stoßen
	expellere	expellō, éxpulī, expulsum	heraustreiben, vertreiben

65	**péndere**	pendō, pependī, pēnsum	abwiegen, bezahlen
	impendere	impendō, impendī, impēnsum	aufwenden, ausgeben
66	poscere	poscō, poposcī	fordern, verlangen
67	cōnsistere	cōnsistō, cōnstitī	sich hinstellen, haltmachen
	dēsistere	dēsistō, dēstitī *m. Abl.*	aufhören (mit)
	resistere	resistō, restitī	Widerstand leisten, sich widersetzen
68	**tangere**	tangō, tétigī, tactum	berühren, anrühren
	contingit	cóntigit	es gelingt, es glückt
69	contendere	contendō, contendī, contentum	sich anstrengen; kämpfen, eilen; behaupten
	ostendere	ostendō, ostendī	zeigen
70	bibere	bibō, bibī	trinken
71	rescindere	rescindō, rescidī, rescissum	einreißen, abbrechen
72	tollere	tollō, sústulī, sublātum	aufheben, beseitigen
73	incendere	incendō, incendī, incēnsum	anzünden, erregen o
74	dēfendere	dēfendō, dēfendī, dēfēnsum	verteidigen, abwehren
	offendere	offendō, offendī, offēnsum	angreifen, beleidigen
75	comprehendere	comprehendō, comprehendī, comprehēnsum	ergreifen; begreifen
76	ascendere	ascendō, ascendī	hinaufsteigen, ersteigen
	dēscendere	dēscendō, dēscendī	herabsteigen
77	**vertere**	vertō, vertī	wenden, drehen
	āvertere	āvertō, āvertī, āversum	abwenden
	convertere	convertō, convertī, conversum	umwenden, hinwenden; verändern
	ēvertere	ēvertō, ēvertī, ēversum	umstürzen, zerstören
	animadvertere	animadvertō, animadvertī, animadversum	wahrnehmen, beachten
78	**statuere**	statuō, statuī, statūtum	aufstellen; festsetzen, beschließen
	cōnstituere	cōnstituō, cōnstituī, cōnstitūtum	aufstellen, festsetzen, beschließen
	dēstituere	dēstituō, dēstituī, dēstitūtum	im Stich lassen, verlassen
	īnstituere	īnstítuō, īnstítuī, īnstitūtum	einrichten, anordnen, unterweisen
	restituere	restituō, restituī, restitūtum	wiederherstellen
79	**tribuere**	tribuō, tribuī, tribūtum	zuteilen, verteilen
	distribuere	distribuō, distribuī, distribūtum	verteilen, einteilen
80	induere	induō, induī, indūtum	anziehen, anlegen

81	metuere	metuō, metuī	fürchten	
82	minuere	minuō, minuī, minūtum	vermindern, schwächen	
83	solvere	solvō, solvī, solūtum	(auf)lösen	

Verben der kons. Konjugation mit ĭ-Erweiterung

1	**rapere**	rapiō, rapuī, raptum	rauben, fortreißen	u
	arripere	arripiō, arripuī, arreptum	an sich reißen	
	ēripere	ēripiō, ēripuī, ēreptum	entreißen	
2	cōnspicere	cōnspiciō, cōnspexī	erblicken, wahrnehmen	s
	īnspicere	īnspiciō, īnspexī, īnspectum *m. Akk.*	hineinschauen in	
	perspicere	perspiciō, perspexī, perspectum	durchschauen, erkennen	
3	**capere**	capiō, cēpī, captum	fassen, ergreifen, erobern; begreifen	D
	accipere	accipiō, accēpī, acceptum	annehmen, vernehmen, empfangen	
	concipere	concipiō, concēpī, conceptum	aufnehmen, empfangen	
	dēcipere	dēcipiō, dēcēpī, dēceptum	täuschen	
	excipere	excipiō, excēpī, exceptum	herausnehmen, aufnehmen	
	incipere	incipiō, coepī, coeptum	anfangen, beginnen	
	percipere	percipiō, percēpī, perceptum	erfassen, aufnehmen	
	praecipere	praecipiō, praecēpī, praeceptum	vorschreiben, befehlen	
	recipere	recipiō, recēpī, receptum	zurücknehmen; aufnehmen, wiederbekommen	
	suscipere	suscipiō, suscēpī, susceptum	übernehmen, auf sich nehmen	
4	**facere**	faciō, fēcī, factum	machen, tun, handeln	
	afficere	afficiō, affēcī, affectum *m. Abl.*	versehen mit	
	cōnficere	cōnficiō, cōnfēcī, cōnfectum	vollenden, erledigen	
	efficere	efficiō, effēcī, effectum	bewirken, durchsetzen	
	interficere	interficiō, interfēcī, interfectum	töten	
	prōficere	prōficiō, prōfēcī, prōfectum	Fortschritte machen, nützen	
	reficere	reficiō, refēcī, refectum	wiederherstellen, neu beleben	
	satisfacere	satisfaciō, satisfēcī, satisfactum	zufriedenstellen, entschädigen	

5 abicere	abiciō, abiēcī, abiectum	wegwerfen, ablegen
adicere	adiciō, adiēcī, adiectum	hinzufügen, hinwerfen
conicere	coniciō, coniēcī, coniectum	zusammenwerfen, schleudern; vermuten
obicere	obiciō, obiēcī, obiectum	entgegenwerfen, vorwerfen
prōicere	prōiciō, prōiēcī, prōiectum	hinwerfen
reicere	reiciō, reiēcī, reiectum	zurückweisen
6 **fugere**	fugiō, fūgī *(m. Akk.)*	fliehen (vor), meiden
effugere	effugiō, effūgī *m. Akk.*	entfliehen, entkommen
7 párere	pariō, péperī, partum	hervorbringen, gebären; erwerben **R**

Deponentien, Semideponentien

1 arbitrārī	arbitror, arbitrātus sum	meinen, glauben
2 cōnfitērī	cōnfiteor, cōnfessus sum	gestehen, bekennen
3 verērī	vereor, vēritus sum	sich scheuen, fürchten; verehren
4 vidērī	videor, vīsus sum *m. Nom.*	scheinen, gelten als
5 assentīrī	assentior, assēnsus sum	zustimmen, beipflichten
6 potīrī	potior, potītus sum *m. Abl.*	in seine Gewalt bringen
7 fungī	fungor, fūnctus sum *m. Abl.*	verrichten, verwalten
8 querī	queror, questus sum *m. Akk.*	klagen, sich beklagen (über)
9 rerī	reor, ratus sum	(be)rechnen, meinen
10 **loquī**	loquor, locūtus sum	sprechen, reden
cōlloquī	cōlloquor, collocūtus sum	sich unterreden, unterhalten
11 **sequī**	sequor, secūtus sum *m. Akk.*	folgen
assequī	assequor, assecūtus sum	erreichen
cōnsequī	cōnsequor, cōnsecūtus sum	nachfolgen, erreichen
12 complectī	complector, complexus sum	umarmen, erfassen
13 ūtī	ūtor, ūsus sum *m. Abl.*	gebrauchen, benutzen
14 vehī	vehor, vectus sum	fahren *(intrans.)*, befördert werden

15	morī	morior, mortuus sum	sterben
16	orīrī	orior, ortus sum	entstehen, aufgehen
17	aggredī	aggredior, aggressus sum	herangehen, angreifen
	ēgredī	ēgredior, ēgressus sum *m. Abl.*	herausgehen, verlassen
	īngredī	ingredior, ingressus sum	hineingehen, einherschreiten
	prōgredī	prōgredior, prōgressus sum	weitergehen, vorrücken, Fortschritte machen
18	patī	patior, passus sum	dulden, leiden; zulassen
19	nāscī	nāscor, nātus sum	geboren werden, entstehen; vorkommen
20	proficīscī	proficīscor, profectus sum	aufbrechen, (ab)reisen
21	adipīscī	adipīscor, adeptus sum	erreichen, erringen
22	nancīscī	nancīscor, nactus/nanctus sum	(zufällig) erreichen, bekommen
23	oblīvīscī	oblīvīscor, oblītus sum *m. Gen.*	vergessen
24	ulcīscī	ulcīscor, ultus sum *m. Akk.*	sich rächen (an/für), strafen
25	audēre	audeō, ausus sum	wagen
26	gaudēre	gaudeō, gāvīsus sum	sich freuen
27	solēre	soleō, sōlitus sum	gewohnt sein
28	cōnfīdere	cōnfīdo, cōnfīsus sum	vertrauen
29	revertī	revertor, revertī (!)	zurückkehren

Andere Verben

1	**esse**	sum, fuī	sein, sich befinden
	abesse	absum, āfuī	abwesend sein
	adesse	adsum, adfuī	anwesend sein, beistehen, helfen
	dēesse	dēsum, dēfuī	fehlen, mangeln
	inesse	īnsum, īnfuī	enthalten sein, innewohnen
	interesse	intersum, interfuī *m. Dat.*	teilnehmen an
	obesse	obsum, offuī	schaden
	praeesse	praesum, praefuī *m. Dat.*	an der Spitze stehen, leiten
	superesse	supersum, superfuī	übrig sein, überleben
	prōdesse	prōsum, prōfuī	nützen
	posse	possum, potuī	können, vermögen

2 **ferre**	ferō, tulī, lātum	tragen, bringen; ertragen
afferre	ásferō, áttulī, allātum	(her)bringen, melden
cōnferre	cōnferō, cóntulī, collātum	zusammentragen, zusammenbringen, vergleichen
dēferre	dēferō, dētulī, dēlātum	herabbringen; überbringen, melden
differre	differō, distulī, dīlātum	aufschieben; verschieden sein
offerre	offerō, obtulī, oblātum	entgegenbringen, anbieten
perferre	pérferō, pértulī, perlātum	hinbringen; ertragen, aushalten
praeferre	praeferō, praetulī, praelātum	vorziehen; an den Tag legen
referre	réferō, réttulī, relātum	zurückbringen, berichten, melden
trānsferre	trānsferō, trānstulī, trānslātum	hinübertragen, übertragen
3 **īre**	eō, iī, itum	gehen
adīre	adeō, adiī	herangehen, aufsuchen; angreifen
abīre	abeō, abiī	weggehen
inīre	ineō, iniī	hineingehen, beginnen
perīre	pereō, periī	zugrunde gehen, zurückkehren
redīre	redeō, rediī	zurückgehen, zurückkehren
subīre	subeō, subiī	herangehen, auf sich nehmen, erdulden
trānsīre	trānseō, trānsiī	hinübergehen, überschreiten
4 **velle**	volō, voluī	wollen
nōlle	nōlō, nōluī	nicht wollen
mālle	mālō, māluī	lieber wollen, vorziehen
5 **fierī**	fiō, factus sum	werden, geschehen; gemacht werden

A2 Verben und Adjektive mit vom Deutschen abweichender Kasusrektion

Amicus *me* (Akk.) adiuvit.
Der Freund hat *mir* (Dat.) geholfen.

Romani *multis populis* (Dat.) imperabant.
Die Römer beherrschten *viele Völker* (Akk.).
Die Römer herrschten *über viele Völker* (Präpositionalausdruck).

In vielen Fällen kann man einen lateinischen Kasus im Deutschen mit dem gleichen Kasus wiedergeben. Dies ist jedoch nicht immer möglich, da die entsprechenden deutschen Verben (und Adjektive) manchmal eine andere Ergänzung erfordern.
Wichtige lateinische Verben und Adjektive, die einen vom Deutschen abweichenden Kasus verlangen („regieren"), sind hier aufgelistet:

a) Verben

meminisse	*m. Gen. oder Akk.*	sich erinnern an; denken an
oblīvīscī	*m. Gen.*	vergessen
favēre	*m. Dat.*	gewogen sein, schwärmen für
imperāre	*m. Dat.*	befehlen, gebieten, herrschen über
nūbere	*m. Dat.*	heiraten
operam dare	*m. Dat.*	sich Mühe geben um/mit
parcere	*m. Dat.*	(ver)schonen; sparen
persuādēre	*m. Dat.*	überreden, überzeugen
praeesse	*m. Dat.*	an der Spitze stehen, leiten
studēre	*m. Dat.*	sich bemühen um, streben nach
adiuvāre	*m. Akk.*	unterstützen, helfen
admīrārī	*m. Akk.*	sich wundern über, bewundern
aequāre	*m. Akk.*	jem. gleichkommen, erreichen
cūrāre	*m. Akk.*	sorgen für, sich kümmern um; pflegen
effugere	*m. Akk.*	entfliehen, entkommen
fugere	*m. Akk.*	fliehen vor, meiden
graviter ferre	*m. Akk.*	ungern ertragen, sich ärgern über
indīgnārī	*m. Akk.*	sich ärgern über
mīrārī	*m. Akk.*	sich wundern über
querī	*m. Akk.*	klagen, sich beklagen über
rīdēre	*m. Akk.*	(aus)lachen, sich lustig machen über
sē praebēre	*m. Akk.*	sich zeigen als
sequī	*m. Akk.*	folgen
tuērī	*m. Akk.*	schützen, sorgen für; betrachten
ulcīscī	*m. Akk.*	sich rächen an/für

abīre	*m. Abl.*	weggehen von, verzichten auf
abundāre	*m. Abl.*	im Überfluss besitzen, reich sein an
afficere	*m. Abl.*	„versehen mit“
carēre	*m. Abl.*	nicht haben, entbehren
dēsistere	*m. Abl.*	aufhören mit
egēre	*m. Abl.*	nicht haben, nötig haben
ēgredī	*m. Abl.*	herausgehen, verlassen
fruī	*m. Abl.*	genießen, sich erfreuen an
fungī	*m. Abl.*	verrichten, verwalten
opus est	*m. Abl.*	man benötigt
potīrī	*m. Abl.*	in seine Gewalt bringen
prīvāre	*m. Abl.*	e. Sache berauben; befreien von
ūtī	*m. Abl.*	gebrauchen, benutzen

b) Adjektive

cupidus, a, um	*m. Gen.*	begierig nach, eifrig in
perītus, a, um	*m. Gen.*	erfahren, geschickt in
plēnus, a, um	*m. Gen.*	voll von/mit
sacer, sacra, sacrum	*m. Gen.*	jem. heilig, geweiht
studiōsus, a, um	*m. Gen.*	eifrig bemüht um; wissbegierig
similis, e	*m. Gen. oder Dat.*	jem./e. Sache ähnlich, gleichartig
contentus, a, um	*m. Abl.*	zufrieden mit
dīgnus, a, um	*m. Abl.*	e. Sache würdig

A3 Verben mit unterschiedlicher Konstruktion im Lateinischen

Nonnulli Romani servis (*Dat.*) bene consulebant.
Einige Römer sorgten gut für ihre Sklaven.

Nonnulli Romani servos Graecos (*Akk.*) consulebant.
Manche Römer fragten ihre griechischen Sklaven um Rat.

Nonnulli Romani crudeliter *in* servos consulebant.
Manche Römer verfuhren grausam gegen ihre Sklaven.

Bei manchen Verben hängt die deutsche Bedeutung vom Kasus oder von der Konstruktion ab, die im Lateinischen nach dem Verbum steht. Wichtig sind dazu die folgenden Verben:

animadvertere	*m. Akk./AcI*	wahrnehmen, beachten
	in *m. Akk.*	vorgehen gegen
cavēre	*m. Akk.*	sich hüten, in Acht nehmen vor
	ne *m. Konj.*	sich hüten, dass
cōnsulere	*m. Dat.*	sorgen für
	m. Akk.	um Rat fragen
	in *m. Akk.*	verfahren, vorgehen gegen
interesse	*m. Dat.*	teilnehmen an
	m. Gen.	jem. liegt daran
interest	inter *m. Akk.*	es besteht ein Unterschied zwischen
persuādēre	*m. AcI*	überzeugen
	ut *m. Konj.*	überreden
praestāre	*m. Dat.*	übertreffen
	m. Akk.	leisten, erweisen
prōvidēre	*m. Dat.*	sorgen für
	m. Akk.	vorhersehen
quaerere	*m. Akk.*	suchen, fragen; erwerben (wollen)
	ex *m. Abl.*	jem. fragen
temperāre	*m. Dat.*	jem. schonen, mäßigen;
	m. Akk.	etw. ordnen, leiten
timēre	*m. Akk.*	fürchten, sich fürchten vor
	m. Dat.	fürchten um, besorgt sein um
	ne *m. Konj.*	fürchten, dass

A4 Elemente und Regeln der Wortbildung

Wenn man einige Regeln, nach denen lateinische Wörter gebildet sind, und die Bedeutung wichtiger Bildungselemente kennt, kann man bei einer Vielzahl nicht gelernter Vokabeln die Wortart bestimmen und die Bedeutung ermitteln.

Zahlreiche Wörter sind im Lateinischen dadurch gebildet, dass der „Stamm“ eines Wortes um eine Lautgruppe erweitert ist: entweder sind Präfixe (vorn) oder Suffixe (hinten) angefügt.

Die auf diese Weise gebildeten Wörter lassen sich – nach der Bedeutung von Präfix oder Suffix – zu einzelnen Gruppen zusammenfassen.

Wichtige Suffixe und ihre Bedeutung

a) Substantive

-ulus, a, um -culus, a, um	puer-ulus corpus-culum	Knäblein Körperchen	Verkleinerung
-tās -tūdō -ia -itia -or	līber-tās forti-tūdō dīligent-ia laet-itia tim-or	Freiheit Tapferkeit Sorgfalt Fröhlichkeit Furcht	Zustand oder Eigenschaft
-tor/-trīx	doc-tor	Lehrer	Handelnde Person
-iō/-tiō -tus -ium	suspic-iō redi-tus incend-ium	Verdächtigung, Verdacht Rückkehr Brandstiftung, Brand	Handlung(sweise) oder Ergebnis
-men -mentum	certā-men argu-mentum	Wettstreit, Kampf Beweis(mittel)	Mittel oder Gemachtes

b) Adjektive

-ius -icus -nus	rēg-ius, a, um Gall-icus, a, um exter-nus, a, um	königlich gallisch ausländisch, fremd	Herkunft oder Zugehörigkeit
-ōsus	glōri-ōsus, a, um	ruhmreich	Fülle
-ālis -īlis	mort-ālis, e host-īlis, e	sterblich feindlich	Eigenschaft oder Beziehung
-bilis	mīrā-bilis, e	erstaunlich, wunderbar	Möglichkeit
-idus	tim-idus, a, um	furchtsam	Eigenschaft

c) Verben

-scere	pertimē-scere	in Furcht geraten	Beginn
-tāre -itāre	iac-tāre ag-itāre	schleudern treiben, hetzen	Verstärkung oder Wiederholung

Wichtige Präfixe und ihre Bedeutung

Als Präfixe treten oft Präpositionen auf, die – entsprechend ihrer Bedeutung – den Sinn des zusammengesetzten Wortes verändern, z. B. ab-īre weg-gehen.

Bei der Bildung eines zusammengesetzten Wortes können die Präfixe an den Anlaut des Grundwortes angeglichen werden (Assimilation), z. B. ad-firmāre > affirmāre.

a) Präpositionen als Präfixe

Die folgenden Beispiele zeigen wichtige Bedeutungen der Präfixe; die Beispiele der linken Spalte enthalten jeweils deren Grundbedeutung:

ab-esse	ab-wesend sein	ab-īre	weg-gehen
ad-venīre	heran-kommen	af-ferre	herbei-bringen
con-gredī	zusammen-stoßen	col-ligere	sammeln
		cōn-scius, a, um	mit-wissend
dē-scendere	herab-steigen	dē-vincere	völlig besiegen
ex-cēdere	heraus-gehen	ē-rigere	auf-richten
in-dūcere	(hin)ein-führen	im-pellere	an-treiben
		in-cola	Ein-wohner
ob-stāre	entgegen-stehen	oc-currere	begegnen
per-spicere	durch-schauen	per-turbāre	verwirren
		per-magnus, a, um	sehr groß
prō-gredī	vor-rücken	prōd-esse	nützlich sein
		prō-videntia	Vorsehung
sub-igere	unter-werfen	suc-currere	zu Hilfe eilen

Bei manchen Komposita verstärken die Präfixe nur die Bedeutung des Grundwortes, z. B. ad-monēre, cōn-firmāre, per-movēre.

b) Andere Präfixe und Negationen

dis-	dis-cēdere	weggehen	Trennung
	dis-cordia	Zwietracht	
sē-	sē-cernere	absondern, trennen	
	sē-cūrus, a, um	sorglos	
rē-	re-petere	zurückfordern	Rückbezug oder
	red-īre	zurückkehren	Rückwendung
ne-	ne-scīre	nicht wissen	Verneinung oder
	ne-fās	Unrecht	Gegenteil
	ne-uter	keiner (von zweien)	
in-	in-certus, a, um	ungewiss	
	in-iūria	Unrecht	

Selten sind echte Zusammensetzungen, z. B.:

agri-col-a	Ackerbauer	bene-fic-ium	Wohltat
aedi-ficāre	erbauen	anim-advertere	wahrnehmen

SUBSTANTIVE

NOMINATIV	Subjekt	Servus accedit. 24
	Präd. nomen	Titus mercator est. 24
	Prädikativum	Hannibal senex decessit. 25
	Attribut	Manlius senator accessit. 25
GENITIV	Zugehörigkeit	Domus avi magna est. 26
		Consulis erat rem publicam regere. 28
	Beschaffenheit	Cicero vir magni ingenii erat. 26
		Cicero magni ingenii erat. 28
	subiectivus	Spes consulis magna erat. 27
	obiectivus	Spes salutis apud omnes magna erat. 27
	partitivus	Servus magnam vim frumenti emit. 27
	Wert	Res, quas mercator vendit, magni sunt. 28
	Objekt	Iudex officii sui meminit; iuris peritus est. 28
DATIV	Objekt	Amicus mihi adest. 29
	Besitzer	Avo domus magna est. 29
	Zweck	Frumentum magno usui est. 30
	Vorteil	Homo non sibi soli vivit. 30
	Urheber	Hic liber tibi legendus est. 30
AKKUSATIV	Objekt	Marcus senatorem videt. 31
	dopp. Akkusativ	Milites Caesarem virum fortem putabant. 31
	Richtung	Cives legatos Delphos miserunt. 32
	Ausdehnung	Multos annos homines oraculum Delphicum consulebant. 32
VOKATIV	Anrede	Propera, Marce! Abi, Claudia! 32
ABLATIV	Mittel	Discipuli magistram gaudio afficiunt. 33
	Grund	Serva argento gaudet. 33
	Ort	Delphis oraculum praeclarum erat. 34
	Ausgangspunkt	Legati Roma Delphos missi sunt. 34
	Zeit	Hac nocte ad urbem pervenimus. 34
	Trennung	Consul civitatem (a) periculo liberavit. 34, 36
	Vergleich	Leone nulla bestia periculosior est. 35
	Beziehung	Caesar multis imperatoribus virtute praeerat. 35
	Maß	Caesar multo felicior erat quam adversarii. 35
	Preisangabe	Mercator multas res parvo vendit. 35
	Beschaffenheit	Caesar magna audacia erat. 36
	Objekt	Nonnullae gentes libertate carent. 36
		Omnes homines pace frui volunt.
	Lokativ	Romae templum Iovis erat. 34

PRONOMINA

PERSONAL	ego, tu, nos, vos	Ego dominus sum, tu servus es! 39
REFLEXIV	sui, sibi, se; suus	Gladiatores armis suis se tegunt. 39, 41, 42
DEMONSTRATIV	hic haec hoc ille illa illud iste ista istud idem eadem idem ipse ipsa ipsum	Daedalus et Icarus fugerunt; hic in mare cecidit, 40 ille corpus filii invenit. 40 Iste fur in templum effugit. 40 Amici idem volunt. 41 Imperator ipse aderat. 41
POSSESSIV	meus, tuus, suus noster, vester, suus	Hanc domum meis manibus aedificavi. 41
PRONOMEN IS	is ea id	Is vir me adiuvit. 42 Ubi est Marcus? Quis eum vidit? 42 Gladiatores pugnant; arma eorum fulgent. 42
RELATIV	qui quae quod	Taurus, qui Europam rapit, in undas desilit. 43 Quod si ita est, tibi assentior. 44 Tibi dabo librum, quem optimum esse constat. 44
INTERROGATIV	quis quid qui quae quod -ne, num, nonne	Quis advenit? 46 Qui vir / quae femina advenit? 46 Venitne? Num venit? Nonne venit? 45, 46 Scire velim, utra amicarum tibi carior sit. 47
INDEFINIT	aliqui(s), quisque, quidam 48, 49	
PRON. ADJEKTIVE	alius alia aliud, nemo nihil, uter, neuter, uterque, alter 50 nullus, ullus, unus, solus, totus	

ADJEKTIVE

1./2. Deklination 3. Deklination	longus longa longum – pulcher pulchra pulchrum 52 acer acris acre – tristis triste – felix 53	
VERWENDUNG	Attribut Präd. nomen Prädikativum	Magnos montes videmus. 54 Montes alti sunt. 54 Mercator primus navem ascendit. 55
STEIGERUNG	regelmäßig unregelmäßig Verwendung	longior longissimus, acrior acerrimus, felicior, felicissimus 56 bonus melior optimus, extra exterior extremus 56 Iter longius est. Orator clarissimus est. 57

ZAHLWÖRTER

GRUNDZAHLEN	unus, duo, tres, … mille milia 59
ORDNUNGSZAHLEN	primus, secundus, tertius … 60

VERBEN

MODI, TEMPORA, GENERA		
INDIKATIV AKTIV	Präsens Imperfekt Perfekt Plusquamperfekt Futur I Futur II	Puella vocat. 64 Servi in agris laborabant. 65 Tum vilicus accessit. 67 Servi in agris laboraverant. 69 Cras patrem videbo. 66 Qui res admirabiles fecerit, laudabitur. 69
INDIKATIV PASSIV		Prometheus ab ave vexabatur. 70 Avis ab Hercule victa est.
KONJUNKTIV IM HAUPTSATZ	Hortativ Jussiv Prohibitiv Optativ Potentialis Deliberativ Irrealis	Eamus! 78 Discipuli respondeant! 78 Ne clamaveris! 78 Utinam ea res tibi utilis sit! 78 Quis hoc dubitet? 79 Quid faciam? 79 Si hoc scirem, tibi explicarem. 79
KONJUNKTIV IM GLIEDSATZ	nach Subjunktionen im indir. Fragesatz im Relativsatz Obliquer Konjunktiv	Te oro, ut mihi consilium des. 80 Nescio, quid amicus fecerit. 80 Sunt, qui ludos spectent. 80 Quis eum diligat, quem timeat? 81
IMPERATIV		Tace! Abi! Hostibus veniam datote! 84
NOMINALFORMEN		
INFINITIVE	AcI NcI Oratio obliqua	Herculem filium Iovis fuisse constat. 94 Hercules filius Iovis fuisse dicitur. 96 Amicus narravit: Se ludos spectavisse, qui crudeles fuissent. 97
PARTIZIPIEN	Präsens Perfekt Futur	Orpheus canens animas movit. 100 Europa timore capta clamavit. 102 Orpheus uxorem repetiturus venit. 104
ABLATIVUS ABSOLUTUS		Hostibus pulsis omnes laeti erant. 108
GERUNDIUM GERUNDIVUM		Occasio discendi tibi est. 110 Libri legendi cupidus sum. 112 Hic liber (tibi) legendus est.
SUPINUM		Amici salutatum veniebant. 114 Hoc est facile dictu.

ADVERBIEN

BILDUNGSWEISE	praeclare – celeriter – sapienter 115
VERWENDUNG	Equus celeriter currit. 115 Equi quam celerrime currunt. 116

PRÄPOSITIONEN

PRÄPOSITIONAL-AUSDRUCK	Senator ad forum properat. Ante curiam amicos salutat. 117 Cum amicis de pace disputat.

KONJUNKTIONEN

SATZREIHE	Troiani dormiebant; interea Graeci a litore veniebant. 118

SUBJUNKTIONEN

SATZGEFÜGE		Omnes dormiebant, quia nox erat. 120
GLIEDSÄTZE		
ADVERBIALE	Temporal	Postquam Caesar vicit, hostes pacem petiverunt. 121
	Kausal	Quia in otio vivere malumus, in forum non venimus. 122
	Kondizional	Si imperator sapienter regit, cives beati vivunt. 122
	Konsekutiv	Tantus erat timor, ut omnes fugerent. 123
	Final	Omnes fugiebant, ut se servarent. 123
	Konzessiv	Quamquam miseri sunt, homines spem non amittunt. 123
	Adversativ	Homines stulti semper aliquid timent, cum homo sapiens liber sit a timore. 123
SUBJEKT	Aussage	Evenit, ut rebus parvis studeamus. 124
OBJEKT	Begehren	Homines operam dant, ut beate vivant. 124

Grammatisches Register

Die Zahlen geben die jeweiligen Seiten an.

Verben

Aktiv

		vocā-re	monē-re	audī-re	ag-ĕ-re	capĕ-re
Ind Präs.	Sg. 1. Pers.	voc-ō	mone-ō	audi-ō	ag-ō	capi-ō
	2. Pers.	vocā-s	monē-s	audī-s	ag-i-s	capi-s
	3. Pers.	voca-t	mone-t	audi-t	ag-i-t	capi-t
	Pl. 1. Pers.	vocā-mus	monē-mus	audī-mus	ág-i-mus	cápi-mus
	2. Pers.	vocā-tis	monē-tis	audī-tis	ág-i-tis	cápi-tis
	3. Pers.	voca-nt	mone-nt	audi-u-nt	ag-u-nt	capi-u-nt
Konj. Präs.	Sg. 1. Pers.	voce-m	mone-a-m	audi-a-m	ag-a-m	capi-a-m
	2. Pers.	vocē-s	mone-ā-s	audi-ā-s	ag-ā-s	capi-ā-s
	3. Pers.	voce-t	mone-a-t	audi-a-t	ag-a-t	capi-a-t
	Pl. 1. Pers.	vocē-mus	mone-ā-mus	audi-ā-mus	ag-ā-mus	capi-ā-mus
	2. Pers.	vocē-tis	mone-ā-tis	audi-ā-tis	ag-ā-tis	capi-ā-tis
	3. Pers.	voce-nt	mone-a-nt	audi-a-nt	ag-a-nt	capi-a-nt
Ind. Impf.	Sg. 1. Pers.	vocā-ba-m	monē-ba-m	audi-ēba-m	ag-ēba-m	capi-ēba-m
	2. Pers.	vocā-bā-s	monē-bā-s	audi-ēbā-s	ag-ēbā-s	capi-ēbā-s
	3. Pers.	vocā-ba-t	monē-ba-t	audi-ēba-t	ag-ēba-t	capi-ēba-t
	Pl. 1. Pers.	vocā-bā-mus	monē-bā-mus	audi-ēbā-mus	ag-ēbā-mus	capi-ēbā-mus
	2. Pers.	vocā-bā-tis	monē-bā-tis	audi-ēbā-tis	ag-ēbā-tis	capi-ēbā-tis
	3. Pers.	vocā-ba-nt	monē-ba-nt	audi-ēba-nt	ag-ēba-nt	capi-ēba-nt
Konj. Impf.	Sg. 1. Pers.	vocā-re-m	monē-re-m	audī-re-m	ág-e-re-m	cápe-re-m
	2. Pers.	vocā-rē-s	monē-rē-s	audī-rē-s	ag-e-rē-s	cape-rē-s
	3. Pers.	vocā-re-t	monē-re-t	audī-re-t	ag-e-re-t	cape-re-t
	Pl. 1. Pers.	vocā-rē-mus	monē-rē-mus	audī-rē-mus	ag-e-rē-mus	cape-rē-mus
	2. Pers.	vocā-rē-tis	monē-rē-tis	audī-rē-tis	ag-e-rē-tis	cape-rē-tis
	3. Pers.	vocā-re-nt	monē-re-nt	audī-re-nt	ag-e-re-nt	cape-re-nt
Futur	Sg. 1. Pers.	vocā-b-ō	monē-b-ō	audi-a-m	ag-a-m	capi-a-m
	2. Pers.	vocā-bi-s	monē-bi-s	audi-ē-s	ag-ē-s	capi-ē-s
	3. Pers.	vocā-bi-t	monē-bi-t	audi-e-t	ag-e-t	capi-e-t
	Pl. 1. Pers.	vocā-bi-mus	monē-bi-mus	audi-ē-mus	ag-ē-mus	capi-ē-mus
	2. Pers.	vocā-bi-tis	monē-bi-tis	audi-ē-tis	ag-ē-tis	capi-ē-tis
	3. Pers.	vocā-bu-nt	monē-bu-nt	audi-e-nt	ag-e-nt	capi-e-nt
	Imperativ	vocā vocā-te	monē monē-te	audī audī-te	ag-e ag-i-te	cape capi-te
	Partizip Präsens	vocā-ns, -ntis	monē-ns, -ntis	audi-ē-ns, -ntis	ag-ē-ns, -ntis	capi-ē-ns, -ntis

Passiv

		vocā-rī	monē-rī	audī-rī	ag-ī	cap-ī
Ind Präs.	Sg. 1. Pers.	voc-or	mone-or	audi-or	ag-or	capi-or
	2. Pers.	vocā-ris	monē-ris	audī-ris	ág-e-ris	cápe-ris
	3. Pers.	vocā-tur	monē-tur	audī-tur	ág-i-tur	cápi-tur
	Pl. 1. Pers.	vocā-mur	monē-mur	audī-mur	ág-i-mur	cápi-mur
	2. Pers.	vocā-minī	monē-minī	audī-minī	ag-i-minī	capi-minī
	3. Pers.	voca-ntur	mone-ntur	audi-u-ntur	ag-u-ntur	capi-u-ntur
Konj. Präs.	Sg. 1. Pers.	voce-r	mone-a-r	audi-a-r	ag-a-r	capi-a-r
	2. Pers.	vocē-ris	mone-ā-ris	audi-ā-ris	ag-ā-ris	capi-ā-ris
	3. Pers.	vocē-tur	mone-ā-tur	audi-ā-tur	ag-ā-tur	capi-ā-tur
	Pl. 1. Pers.	vocē-mur	mone-ā-mur	audi-ā-mur	ag-ā-mur	capi-ā-mur
	2. Pers.	vocē-minī	mone-ā-minī	audi-ā-minī	ag-ā-minī	capi-ā-minī
	3. Pers.	voce-ntur	mone-a-ntur	audi-a-ntur	ag-a-ntur	capi-a-ntur
Ind. Impf.	Sg. 1. Pers.	vocā-ba-r	monē-ba-r	audi-ēba-r	ag-ēba-r	capi-ēba-r
	2. Pers.	vocā-bā-ris	monē-bā-ris	audi-ēbā-ris	ag-ēbā-ris	capi-ēbā-ris
	3. Pers.	vocā-bā-tur	monē-bā-tur	audi-ēbā-tur	ag-ēbā-tur	capi-ēbā-tur
	Pl. 1. Pers.	vocā-bā-mur	monē-bā-mur	audi-ēbā-mur	ag-ēbā-mur	capi-ēbā-mur
	2. Pers.	vocā-bā-minī	monē-bā-minī	audi-ēbā-minī	ag-ēbā-minī	capi-ēbā-minī
	3. Pers.	vocā-ba-ntur	monē-ba-ntur	audi-ēbā-ntur	ag-ēba-ntur	capi-ēba-ntur
Konj. Impf.	Sg. 1. Pers.	vocā-re-r	monē-re-r	audī-re-r	ág-e-re-r	cápe-re-r
	2. Pers.	vocā-rē-ris	monē-rē-ris	audī-rē-ris	ag-e-rē-ris	cape-rē-ris
	3. Pers.	vocā-rē-tur	monē-rē-tur	audī-rē-tur	ag-e-rē-tur	cape-rē-tur
	Pl. 1. Pers.	vocā-rē-mur	monē-rē-mur	audī-rē-mur	ag-e-rē-mur	cape-rē-mur
	2. Pers.	vocā-rē-minī	monē-rē-minī	audī-rē-minī	ag-e-rē-minī	cape-rē-minī
	3. Pers.	vocā-re-ntur	monē-re-ntur	audī-re-ntur	ag-e-re-ntur	cape-re-ntur
Futur	Sg. 1. Pers.	vocā-b-or	monē-b-or	audi-a-r	ag-a-r	capi-a-r
	2. Pers.	vocā-be-ris	monē-be-ris	audi-ē-ris	ag-ē-ris	capi-ē-ris
	3. Pers.	vocā-bi-tur	monē-bi-tur	audi-ē-tur	ag-ē-tur	capi-ē-tur
	Pl. 1. Pers.	vocā-bi-mur	monē-bi-mur	audi-ē-mur	ag-ē-mur	capi-ē-mur
	2. Pers.	vocā-bi-minī	monē-bi-minī	audi-ē-minī	ag-ē-minī	capi-ē-minī
	3. Pers.	vocā-bu-ntur	monē-bu-ntur	audi-e-ntur	ag-e-ntur	capi-e-ntur
	PPP	vocā-tus, a, um	móni-tus, a, um	audī-tus, a, um	āc-tus, a, um	cap-tus, a, um